青春期不迷茫（升级版）

写给男孩女孩的心灵成长书

张丽珊　郭子轩◎著

中国妇女出版社

图书在版编目（CIP）数据

青春期不迷茫 ：写给男孩女孩的心灵成长书 ：升级版 / 张丽珊，郭子轩著．-- 北京 ：中国妇女出版社，2020.10（2021.5重印）
ISBN 978-7-5127-1880-7

Ⅰ．①青… Ⅱ．①张… ②郭… Ⅲ．①青春期－心理健康－健康教育 Ⅳ．① G444

中国版本图书馆 CIP 数据核字（2020）第 114542 号

青春期不迷茫——写给男孩女孩的心灵成长书（升级版）

作　　者：张丽珊　郭子轩　著
策划编辑：肖玲玲
责任编辑：肖玲玲
封面设计：尚世视觉
责任印制：王卫东
出版发行：中国妇女出版社
地　　址：北京市东城区史家胡同甲 24 号　　邮政编码：100010
电　　话：（010）65133160（发行部）　　65133161（邮购）
网　　址：www.womenbooks.cn
法律顾问：北京市道可特律师事务所
经　　销：各地新华书店
印　　刷：三河市祥达印刷包装有限公司
开　　本：165×235　1/16
印　　张：17.25
字　　数：220 千字
版　　次：2020 年 10 月第 1 版
印　　次：2021 年 5 月第 2 次
书　　号：ISBN 978-7-5127-1880-7
定　　价：49.80 元

再版序

《青春期不迷茫——写给男孩女孩的心灵成长书》升级了!

感谢中国妇女出版社编辑肖玲玲老师厚爱这本书，给我机会加入时下家长和学生急切需要的防止校园欺凌的内容，给郭子轩机会分享出来更为成熟的同伴导师的观点。

感谢天津市耀华中学和耀华嘉诚国际学校的信任，一直将本书的上一版本作为初一年级心理健康课的校本教材；感谢全国各地购买本书的学校，是你们将它放到学生触手可及的图书角、阅览室，从而使得书中幸福心理的声音传遍祖国大江南北，传递给每一位成长中的青少年；感谢在网络平台上反复购买本书送给青春期孩子的读者朋友，看到你们的留言评价，我心存感激，唯有更加努力才不辜负大家对我的信任。

感谢读者给我积极的反馈，他们说这本书中的案例符合当下学生的实际情况，给学生的建议具有很强的操作性。一位中学校长对我说："丽珊老师，我是您忠实的读者，您的书让我想到：只有生活在学生身边，心中有祖国的教育事业，眼中有对民族未来的殷殷期待，耳中有学生和家长心底的声音，才能提供有高度、有温度的解决方案。"

感谢案例中的每一位孩子，他们愿意将自己的迷茫分享出来，让我抽丝剥茧，分析成因并给出解决方案，他们用自己的跋涉为同伴铺平了成长的道路。

感谢郭子轩在繁忙的留学生活中抽出时间认真思考和全面修改了同伴导师观点的内容。

本书的目标是帮助青春期孩子分析成长中遇到的具体问题，给出符合校园生态环境的解决方案。同期出版的《为青春期赋能——写给男孩女孩的心理自助指南》依据青少年心理发展规律，提出中学生应具备的6种能力，帮助学生构建幸福成长的路径，尤其职业生涯规划部分帮助学生提升持续发展动力。

如果希望获取更多相关信息，推荐大家去喜马拉雅搜索“张丽珊幸福心理”和“张丽珊：幸福妈妈情商课”音频专栏中的节目，在闲暇时间可以根据需要收听。丽珊守望在这里，希望给您更多的心理支持。

守望大众心理健康的丽珊

2020年3月3日于家中

为了保护同学们的隐私，书中所有名字皆为化名。

张丽珊联系方式：
私人微信：zhanglishanxinli
“丽珊幸福心理”微信公众号：tjzhanglishan
喜马拉雅音频专栏：张丽珊幸福心理
张丽珊：幸福妈妈情商课
心理热线： 13662045051 022-23396165
丽珊好妈妈课堂微信群：tjxinhanglu

目 录
contents

第一章　成长中那些莫名的烦恼

我痛恨自己长得丑，真希望去整容 / 3

个子太矮，我陷入了深深的焦虑和自卑中 / 8

"狂野女"升入初中想当淑女 / 12

好脾气的我就该这么逆来顺受吗 / 16

成功时刻我却感觉内心被掏空，我是不是精神有问题了 / 21

我的热心肠却处处得罪人 / 24

第二章　友情带来的困惑

曾经的好朋友变得越来越庸俗，我该怎么帮她 / 31

被朋友欺骗，感觉自己像个小丑 / 36

好朋友处处照顾我，让我觉得别扭 / 40

我为朋友出头，朋友根本不领情 / 43

被好友排挤，我做错了什么 / 48

为什么有的人拒绝别人仍然有好人缘儿 / 52

评选"三好生"，最好的朋友竟然不投我的票 / 56

第三章　师生关系为何紧张

拒绝男生求爱，为什么班主任却不保护我 / 63

面对自己看不惯的班主任，怎么做才对 / 68

我是不是班主任心目中的“笨大姐” / 73

外表很狂野，内心很敏感，最容易被老师误会 / 77

我是班长，和班主任的关系却越来越僵 / 81

面对情绪化的班主任，我们该怎么办 / 85

第四章　谈谈初恋这件小事

那个让我心乱的男生真的对我有意吗 / 93

痴迷军训教官，我难以自拔 / 98

厌恶的女生追求我，该怎么拒绝 / 102

被我拒绝的女生成了哥们儿的女友 / 106

心仪的男生与闺密恋爱了，我魂不守舍 / 110

我喜欢的女生变得太黏人，我想要分手 / 114

第五章　爸爸妈妈，请这样爱我

妈妈，您让我感到屈辱 / 123

我和母亲都是沾火就着 / 127

爸爸是个熟悉的“陌生人” / 132

爸爸的脾气随着赚钱多而变坏了 / 136

父母不和，我成了可怜的替罪羊 / 141

奶奶重男轻女，太让我伤心了 / 145

这个世界没有人爱我 / 149

第六章　学习是成长中绕不过的坎儿

我不想当“学傻” / 157
重点班，与“学霸”为伍的日子不好过 / 161
从小被人夸聪明，中考前我却考成倒数第一 / 165
“天道酬勤”骗人，不努力的同学名次可好了 / 169
过分担心就是诅咒，我具备考试焦虑的所有症状了 / 172
高标准、高效率的背后，我上课时只觉得大脑抽筋 / 177
课外班、一对一无法帮我勇敢走进学校 / 182

第七章　我可以成长得更加出色

我得了学习拖延症 / 189
没有进重点班，整个人都不好了 / 193
“出国党”就不能做班长吗 / 197
我在班里好像没有存在感 / 202
优秀生就不能有异性朋友吗 / 206
好朋友突然加入另一社团是背叛吗 / 210
同学们在我眼皮底下搞“政变” / 214

第八章　校园欺凌，有话可以好好说

我希望撕掉“校园霸王”的标签 / 221
我被男生欺负得想死 / 227

老师眼中的“祸头”，不敢上学去了 / 233
迷途知返，但真的能回到从前吗 / 238
我有抽动症，被所有人厌恶 / 243
我是同学眼中的“恐怖分子” / 248
校园霸王的内心伤痛有谁知 / 254
“道德洁癖”是我被排斥的原因吗 / 260

后　记　纠结，是成长的冲锋号 / 265

第一章
成长中那些莫名的烦恼

我到底是怎样的一个人呢？一会儿外向开朗，与人侃侃而谈；一会儿又内向自闭，在人群中默不作声。偶尔踌躇满志，觉得一览众山小；偶尔又万分颓丧，觉得自己一无是处。经常会为一些不相干的事情烦恼，却全然忘记了自己的梦想……这些说不清道不明的烦恼，真不知如何消除。

我痛恨自己长得丑，真希望去整容

Q：我觉得自己长得太丑了，不敢交友，不敢想未来，妈妈却不懂我的痛苦！

A：外在形象不能决定一切，决定人际互动效果的不是容貌，而是交流的气氛和心理感受。

丽珊老师：

自从上初中后，我走路就再也没有抬起过头，我觉得自己简直太丑了。走在大街上，我能明显感觉到行人无意中看到我都会被吓一跳，然后远远地躲开，好像多看我一眼自己也会变丑一样。我自认为是个明白人，我长得丑，估计谁要做了我的朋友，也会像我一样被大家嫌弃。那我就识趣点儿，独来独往，不和任何人说话，免得让人家为难。

我痛恨自己的丑，不敢想未来，越想越绝望，学生时代依靠成绩好还能获得与其他同学一样的升学机会，但未来找工作时人家都要面试，哪个单位会招丑女生？再说将来的婚姻，哪个男生会爱我这样的女生？更别想有人愿意娶我了。如果一辈子就一直待在家里，重复着单调的生活，真是太无趣、太可怕了！

我曾多次试探性地问妈妈是不是可以带我去做整容手术，妈妈总是装作没听见，或顾左右而言他，岔开话题。我特别心寒，妈妈为什么就不能理解我的痛苦呢？难道在她的心目中女儿的幸福和未来都不如钱重要吗？哪怕妈妈告诉我等我18岁考上大学之后带我去整容，我也会有个盼头。但妈妈从来没有说过什么。我甚至觉得妈妈生我就是为了奚落我，享受我痛苦的感觉。很长一段时间以来，我对妈妈说话都没好气儿，总是顶撞她，心想："既然你不关心我，你也别想痛快了！"

丽珊老师，您能帮帮我吗？

王晓依

丽珊老师答疑

亲爱的晓依：

进入青春期的男孩女孩，随着自我意识崛起，告别了人云亦云的时代，开始将自己置于客体的位置进行审视。关注容貌是青春期自我关注的第一步，此时对自己的要求十分苛刻，因达不到自己满意的标准而产生自卑心理很普遍。

晓依，你将不开心、不如意和一切的不幸都归咎于自己的外在形象。谁叫自己长得不讨人喜欢呢？这种归因的方式似乎顺理成章，只不过如此一来，就模糊了问题的方向，错失了改进自己个性及行为上不足的机会。你的自我否定会引发在人际关系中过度敏感、自我封闭，或是对同学的话睚眦必报，恶化与周围人的关系。当你远离人群过着孤寂的生活，则会再次强化："瞧瞧，就因为我丑，人家都躲着我吧！"由此进入恶性循环。

我自1991年就在天津市耀华中学当老师，终日生活在学生群体中，我发现人缘儿好的学生绝不是长得漂亮的人，因为漂亮的人更容易自恃漂亮而以自我为中心，不考虑自身言行会给别人带来怎样的感受，就算一开始有同学和她们做朋友，但时间长了，这些朋友会慢慢离开。其实，同学们最愿意与善良、温和、博学的人交往，这种交流的愉悦与他的相貌有什么关系呢？

1998年，我在耀华中学成立了心理健康使者团，当时有一位长相并不好的副团长，她脸上有几处丑陋的胎记，但她乐观开朗、积极进取、善解人意，是同学拥戴的学生干部。有一次，我和她长谈，询问胎记是否对她的人生构成了影响。她明确地告诉我："胎记对我的人生影响太大了，妈妈生下我，看到我脸上的胎记后大哭了好多天，她不知道为什么女儿的脸上有这么多紫色的胎记！"哭过之后，妈妈接受了这个事实，开始潜心研究幼儿心理学、青少年心理学，明确了陪伴孩子成长的方向。从她很小的时候，妈妈就告诉她："周围的人是积极地关注你，为你的成功喝彩，还是消极地关注你，歧视你，完全取决于你自己的言行。"妈妈没有回避现实问题，而是引导她正确面对问题。妈妈告诉她要对自己所做的一切负责，要对自己的品质负责、对自己的学习负责……她在妈妈的陪伴中顺利成长，心地善良，与周围人和谐相处，学习成绩始终名列前茅。我又关心地问她："妈妈是否跟你说过关于整形美容的事？"她告诉我，妈妈在她还很小时就告诉她："咱们一家三口共同努力，积攒每一分钱，等你长大了，咱去做最好的整形手术。"她拥有独立学习的能力，从来没有上过一节课外班，每次升学也都是凭自己的实力考入当地最好的学校。考上大学的那个暑假，妈妈拿出一笔数目不小的存款，问她要不要去做手术。她说不用了，因为她生活得很充实、很幸福，决定把这笔钱留给未来做创业基金。

晓依，你妈妈对你外表的态度让我想到几个方面：一是你夸大了自己长得不好看，在妈妈的眼中你可能就是相貌普通而已，她不认为你需要做整容手术；二是妈妈不希望你过度聚焦于自己的长相，她要淡化这个问题；三是你对外在形象的过度焦虑让你妈妈无所适从，她不知道应该如何应对，如果她回应你去做整容手术的事，会不会给你心理暗示，即在她的心目中你需要整容，不然就无法见人，这样你对自己容貌的担心就被证实了。晓依，千万别再为难妈妈了！学学我们的副团长，淡定地面对自己，面对他人，面对生活，你会拥有一片属于自己的天空。

永远爱你的：丽珊老师

同伴导师轩哥观点

“好看的皮囊千篇一律，有趣的灵魂万里挑一”，外表可能真的很重要，但内在才是社交中的“制胜法宝”。在这个信息大爆炸的时代，大家都见过各种各样的美女，也许心灵美才是这个时代更珍贵的东西。

如果你真的想整容，不妨提前看看白百何主演的《整容日记》。电影中的人物摔一下下巴歪了，蹭一下眼袋破了，整容总会存在一些风险。其实等你上大学后，女孩子们就都开始打扮了，学会化妆和拥有良好的衣品足以改变你的外表，远比整容来得自然。当然，如果你还是不满意，我就要告诉你最后的绝招——健身。去健身房挥汗如雨吧！有些时候健身可是比整容的效果还要明显。健身不仅会让你拥有好身材，还会培养你的气质。对于女生而言，气质比外表更重要。气质是后天培养的，除了健身之外还有很多方式可以培养气质，例如读书、旅游、培养一个爱好，等等。这些会为你带来很多的改变，会为你带来自信，这也是你最需要的东西。所以，不要去求妈妈带你去整容，而是去努力考上自己心仪的大学，然后开始自己的大变身计划吧。只要你能够坚持，相信等你大学毕业的时候，“丑小鸭”已经蜕变为“白天鹅”啦！

智慧点拨

自我意识是指主体对其自身的意识，包括以下3个层次：

第一层次：对自己身体及其状态的意识——生理自我意识，对自己的相貌、身高、体形、声音等方面的关注。

第二层次：对自己在社会活动中状态的意识——社会自我意识，对自己在群体中是否有存在感、是否被欢迎等方面的关注。

第三层次：对自己的思维、情感、意志等心理活动的意识——心理自我意识，包括自我观念、自我知觉、自我评价、自我体验、自尊心、自豪感、自我监督、自我调节、自我控制等方面。

个子太矮，我陷入了深深的焦虑和自卑中

Q：如果一个男生的个子永远停留在1.62米，天哪，我觉得一切努力都没有了意义！

A：身体的高度既不能决定你精神的高度，也不能决定你人生的高度。

丽珊老师：

因为身高的问题，我现在每天生活在焦虑和恐惧之中，如果个子不长高，我干什么都没有心思。我每天都会被噩梦惊醒，所有的噩梦几乎都是同一个主题：个子矮被欺负。初二之前我根本就没有意识到身高的问题，尽管我始终坐第一排，老师和同学都叫我“小宇宇”，但我很享受这种昵称。初二暑假开学，我发现班里的男生都长高了，而我的身高原地不动。我开始紧张，担心如果自己长大了还这么矮的话，怎么有脸见人呢？网上关于如何增高的方法众说纷纭，我也不知道该相信谁的。惶恐中我升入初三，1.62米的身高让我自卑至极。父母似乎根本不关心这件事，他们从没有想过行之有效的解决方案，最多只是偶尔提醒我多吃饭，说这能帮助长个儿。我以“不上学”要挟父母带我去检查，医生说我的骨骺线还有一年就闭合了，也就是说一年之后我再也不会长高了。

我像听到末日审判一样，痛定思痛，既然谁都帮不了我，那就自己来

解决吧。我决定休学一年在家专门运动，长身高，并告诉父母说就算天天去学校，也没有心思念书，与其学习、锻炼两耽误，还不如专心长个儿。耽误一年学业可以补回来，但错过这一年就再也长不高了。父母觉得我疯了，要带我去看心理医生。他们根本就不理解我在学校的处境。体育课没有男生带我玩儿，我都是一个人呆坐在篮球架子旁看他们打篮球。女生都不太喜欢和我说话……为了维护和同桌之间的关系，我就像小丑一样尽力讨好她，生怕她也嫌弃我……

丽珊老师，我现在特别怨恨父母，大夫已经明确说我还有一年骨骺线就要闭合了，他们为什么还不积极寻求办法？他们难道不看看网上说的，现在大学生找工作特别难，一个1.62米的男生能找到工作吗？如果找不到工作现在上学还有意义吗？

刘烁宇

丽珊老师答疑

亲爱的烁宇：

我理解你的心情，你将男生不带你打篮球、女生不和你一起玩儿都归因于自己的个子矮，因此你在学校感觉到压抑。你渴望利用骨骺线闭合之前的一年专注于运动，先把个子长高，然后再努力学习。你觉得这个计划非常合理，却得不到父母的认同。此时的你认为没有人能设身处地地替你着想，感到孤立无援。但我想问一句，烁宇，你真的认为休学锻炼是一个可以持续完成的方案吗？还是说你仅仅想用“休学”来让父母意识到身高问题的严重性呢？

烁宇，男生不带你打球、女生不跟你玩儿都是因为你个子矮吗？在学校，我见过很多个子不高的男生在同学中不仅有人缘儿，还有影响力，担任学生干部。你观察一下你们班里，是不是所有个子矮的男生都被同学排斥，个子高的男生都受同学欢迎？你会发现，是否被同学认可与身高并没有关系。因此，放下心理包袱，去面对现实吧！

你把医生诊断的骨骺线一年后闭合直接理解成自己不可能再长高，这缺乏医学上的证据，你不必无谓担心。很多男生中考时个子还不太高，升入高一后运动多了，蹿上十几厘米的大有人在。

烁宇，丽珊老师建议你从以下3个方面调整自己：

一是提高自己的篮球技能。打篮球是长个子非常有效的运动方式。平时你要利用一切机会提高自己打篮球的技能。篮球是对抗性的运动，只要你投篮准，得分率高，不管你个子高矮，大家都会争抢你加盟。

二是增强自己的吸引力。是否有吸引力决定了一个学生在班级中的受欢迎程度，比如学习上有优势学科，耐心地给同学讲解难题；热心帮助同学做值日；说话得体；等等。如果你自己都贬低自己，自然会引来大家的鄙视。

三是放弃休学的念头。你怎么就能保证休学回家之后，自己能坚持锻炼呢？和同学在一起无论学习还是锻炼都有氛围，而自己一个人在家则会陷入自我封闭的状态，等你再回到学校时，个子是否长了不好说，但你和同学之间更加疏离则是一定的。

烁宇，如果你做到以上三点，并耐心地与父母沟通，周末别让课业占用你太多的时间，找场地去打篮球，提高技能，我想父母会同意的。

同时在饮食上也要多多注意，不要再喝碳酸饮料，多吃含钙充足或能促进钙吸收的食物，多吃水果和蔬菜；保证睡眠。只要坚持，你肯定会长高的。加油吧！烁宇！

永远爱你的：丽珊老师

同伴导师轩哥观点

身高与一个人在别人心目中的形象也不是完全没有关系，但我觉得个子高只能提升自己的外在形象，真正让别人信服的还是人的内在魅力。你拼命地追求长成高个子，不如拼命去增加自己的人格魅力。如果你具有人格魅力，能力极强，你还会担心自己身材矮小吗？有许多例子可供参考，比如拿破仑也不高，但是他改变了世界，成为人类历史中的巨人。所以与其白白浪费精力，不如提高自己的内在修养，做个精神上高大的人！

我觉得你现在不想去学校的根本原因不是个子矮的问题，而是你与同学关系出现了问题。你要静下心来想一想自己到底哪里做得不好，造成人际交往困难，要去努力修正自己。不要责怪父母，他们是爱你的，不想让你为身高而焦虑。你可以多打篮球，同学不带你玩儿就自己打。打篮球对长高特别管用，我就是打篮球长高的。同时，内外兼修，做一个外表和内心都优秀的人吧！

进入青春期的男孩女孩最显著的特点就是开始在意自己的外在形象，女孩子关注相貌和身材，男孩子关注身高。当一个人将自己的价值建立在不可控的因素上就会产生强烈的无力感和无助感，整天生活在怨天尤人的负面情绪之中，谁愿意和这样的人在一起玩儿呢？

智慧点拨

提高自信心的具体方案是：

1.发现优势并有效强化，让自己在某个领域中成为出类拔萃的人。

2.接受现实，不要对自己的短板过于敏感，可以用“浓缩的都是精华”来自嘲。

3.乐观开朗，用爽朗的笑声向周围人传递正能量。

“狂野女”升入初中想当淑女

Q：我现在不想再疯疯癫癫下去，希望改变在同学们心目中的形象，可改起来怎么这么难！

A：既然想重新树立新形象，那就坚定信念，即刻行动。

丽珊老师：

我从小就个子很高，性格也比较狂野，男生从不把我当成女生，总是和我打成一片。我本来就不喜欢女生叽叽喳喳、小心眼儿。当然，女生也不喜欢和我玩儿。升入初一我已经1.7米了，更成假小子了，和男生打闹之后，我发现女生都用异样的目光看我。我也纠结，难道自己就这样一直和男生打闹下去吗？班主任对我的这种表现好像很不满意，她多次建议我要主动与女生交流，在男生面前收敛一些。可问题是班里女生不喜欢和我说话，我也不知道到底为什么，反正我和女生说话时，她们的表情都很诡异，敷衍一下就走开了。

丽珊老师，我也想改变，但的确存在客观困难，现在班里的男生有些是小学同学，还有些是课外班的同学，都知道我的“本来面目”。我曾经迫于班主任的压力装得淑女一点儿，这些男生就逗我，揭我以前的各种糗事，我只能继续追杀过去……我其实特别讨厌男生给我起的外号，很严肃地告诉他们不许叫我外号，但男生一阵哄笑之后叫得更欢了。

丽珊老师，我特别迷茫，我们学校是我们这里最好的，同学们都希望将来能够留在母校上高中，那就意味着我要疯疯癫癫到高三吗？多影响自己的形象啊，妈妈说如果那样，以后都不好找对象了，那可怎么办呢？

多蕾

丽珊老师答疑

亲爱的多蕾：

你能够在初一时就开始关注自己的社群自我形象，担心高中毕业后给同学留下“疯疯癫癫”的印象，还担心如果长此以往会影响自己未来的婚恋，说明你的认知水平高于同龄人！你所面临的困惑在中学时代具有普遍性，即如何树立自己良好的公众形象，如何扭转自己不良的公众形象。

多蕾，我给你讲个故事，这是我在耀华中学遇到的一件事儿。曾经有一位初中三年级的男生利用“温暖十分钟”向我讲出他内心的苦闷，他是班里最受班主任信任的学生干部，老师把全班同学都厌烦的男生A安排和他同桌，A上课时总爱接茬儿，说的话特别低俗，根本不符合学生身份，他觉得A已经严重地干扰了自己的学习效率。我在辅导这位男生的同时也开始观察A，如果不了解内情，一个局外人会觉得他特别可怜，总是被同学斥责、奚落。A主动和我交流时，我问他为什么同学这样对待他，他说因为初一时自己嘴欠。我问他是否想过改善自己在同学们心目中的形象，他说从一年级下学期就想改善了，可同学们并不配合，看不到他的改变和进步，依然训斥他，他泄气了，只好继续做一个令人生厌的人。“如果你不彻底改变，高考之后，进入社会，只要提起你，同学们都用现在的态度评价你，甚至在你的妻子和孩子面前……”A使劲儿地摇头，我鼓励他坚决地改变，在征得他同意之后，向全班同学发起一个倡议，给A一个自我成长的机会。一个学期下来，我再也没有听到A上课接茬儿，也没有听到同学对他厌烦的评价。我把他的经历讲给一年级的几个有类似经历的同学听（当然是对其身份进行了各种保护，就算A站在他们面前，他们也不会想到这个同学就是A），这几位同学已经开始转变了。

多蔷，你要树立坚定的信念，即刻行动，你现在的状态男生们都已经习惯了，他们会是你自我改变的阻力。但你维持现状，对于男生来讲，除了多一个笑点之外，没有任何的意义。

多蔷，我给你一些具体的建议，供参考：首先，最近一段时间你要闭上嘴，无论什么场合都不说话，男生逗你、叫你外号……你都不要说话，避免给男生提供进一步和你打闹逗趣的机会；其次，上课时全神贯注听讲，但不要回答任何问题。最后，放学直接回家，不在学校逗留。如果有同学问你为什么变了，你就笑笑说没什么，千万不要解释。总之就是尽量减少和同学互动的机会。同时认真观察女生在一起都说什么话题，多听听，不发言，做个忠实听众就够了。只要你坚持，你就可以逐渐改变自己的旧形象，慢慢地，同学们就会接受你的新形象了。

永远爱你的：丽珊老师

同伴导师轩哥观点

质变是由量变开始的，你想改变形象，也不可能是一天完成的。众所周知，第一印象很重要，更何况你在一些男生心目中的狂野形象已经根深蒂固了。你跟男生玩儿得比较好，个子又特别高，会让大家觉得你是“兄弟”，所以女生不太喜欢跟你在一起，会觉得你像一个“异性”。既然你想改变，那就一步一步来。首先，你可以更女性化一点儿，收敛一点儿，别跟男生大喊大叫。例如让自己穿衣打扮更女性化，如果你每天都穿得漂漂亮亮地去学校，男生们自然会感受到“性别差异”而不会对你太过放肆。另外行为举止要有分寸感，可以继续活泼，但要是女孩式的活泼，而不是男孩式的活泼；其次，多跟女生相处，可以说一些女生喜闻乐见的话题，平时利用业余时间关注一些与大家喜欢的话题，拉近跟女生的距离。慢慢努力，一定会转变成功的，就算男生说你以前怎么样，也不会影响你的形象了。

智慧点拨

大家都觉得外向的人开朗乐观，没有什么烦恼，同时心理承受能力强，所以对外向的人说话就肆无忌惮。这样不仅影响了外向的人的公众形象，还给他们的内心带来了迷茫。外向的人要注意严格要求自己，树立稳重靠谱的形象；内向的人要注意别太悲观，树立从容乐观的形象。

好脾气的我就该这么逆来顺受吗

Q：太过分了，大家从来不顾及我的感受，有时气得我真想动手，我特别担心自己会失控。

A：勇敢而准确地表达自己的情绪，借助心理咨询师架起亲子心灵沟通之桥，这样最科学、最高效。

丽珊老师：

我是一位性格温和、守时遵规的初二男生。学校每天早晨7:20上早读，我一定会在6:40进校门，吃过早餐之后进班交作业，7:10一切就绪，等着上早读了。我不喜欢迟到，也从来没有出现过写不完作业之类的事情。我认为被老师当众批评是一件很丢人的事情。

我的内心有很多苦恼。初一入学时我表现得特别乐观开朗，就算受了委屈，也绝不说出来，好脾气帮我赢得人缘儿的同时也带来了烦恼，父母、老师、同学和我说话时从来都是不假思索，总说一些特别伤我自尊的话，我总是克制着内心的愤怒依然面带微笑。

从小父母就教育我“男儿有泪不轻弹”，无论多委屈都必须以微笑示人。如果被父母冤枉了，我还得强忍着不哭，因为哭的后果是招来更严厉的批评甚至暴打。最近一段时间，我只要一想到被父母、老师冤枉，被同学欺负时的场景，就会热血直冲脑门，真想狠狠揍他们。但平静之后，我又特别懊悔，反复告诫自己千万不要瞎想，更不能乱做。前些天，爸爸又“教育”我，老生常谈跟我说了两个多小时，我还有很多作业没写，就问了爸爸一句：“您觉得您了解我吗？”爸爸理直气壮地说：“知子莫若父。”我继续问：“您知道我现在最想做什么吗？”其实当时我最想把作业写完，我可不想因为交不上作业而被老师责罚。但爸爸全然不顾我的焦虑，只是气呼呼地说：“我今天有时间教育你，写不完作业我明天给老师打电话……”我都快气死了，突然感觉头眩晕，眼前一片漆黑……等我醒过来时，头因为磕到写字台一角而剧痛。妈妈忙着“抢救”我，而爸爸还在一旁说：“这还是男孩吗？遇到这点事就晕。缺乏锻炼。”如果不是浑身软软地动不了，我真想一头撞过去。

丽珊老师，我总是担心哪天控制不住自己，做出伤害周围人的举动。我想知道如何让自己的情绪平静下来。

左右

丽珊老师答疑

亲爱的左右：

谢谢你能在“危机”事件发生前给我发来求助的邮件，而不是在忍无可忍做了什么伤害周围人的事之后。从这一点上我能感受到你的善良、厚道、有责任感。因为我清楚地知道所有人的心理承受能力都是有限度的，一旦突破了底线就有可能发生谁都不希望发生的极端事件。

在传统观念下，人们习惯要求男儿有泪不轻弹，从而压抑了人的内心需求。为什么男孩子就不能哭？为什么男孩子打落牙齿就必须往肚里吞，而不能向别人倾诉或求助呢？在这种观念的影响下，有些男孩习惯于隐忍，他们不善于表达情绪，以所谓稳定的情绪状态示人，却在内心深处积累着苦楚、委屈，直至发展成绝望。我曾经对来访者进行过统计，发现女性来访者远远高于男性，这个数据不是说明女性出现心理困扰的概率高于男性，而是说明女性遇到困难更愿意求助；而患有心理疾患已经使用精神类药物的来访者中，男性的比例几乎占到80%，说明男性不愿意接受心理咨询，任由心理困扰发展成为心理疾患，有的甚至成为终身疾病，不得不说这是人生的悲剧。

左右，你有资格向周围人表达你的情绪，一旦周围人说话太不尊重你的感受，你就要严肃起来，既可以离开现场，不再与其交流；也可以明确告诉对方，他的说法让你感觉到不被尊重，心里特别不舒服。如果对方能够明事理，向你道歉，并且未来不再出现类似情况的话，双方仍然可以做朋友继续交流。但如果其固执不变，那你就可以拒绝与其交流，甚至中断来往。这样做的目的就是让对方意识到在你面前说话应该有所顾忌，要懂得尊重人。一般情况下，如果你的态度坚决，会提醒对方重新审视你们之间的关系，改善与你说话时的表达方式，这样能使双方的关系进入良性的、相互尊重的互动之中，也能使双方的交流更持久。左右，未来当你的脑海里出现想伤人的冲动时，先做5次深呼吸，让自己平静下来，离开现场，以避免极端行为的出现。

左右，如果你的心理自助方式有效，那么就继续坚持下去；如果你自助无效或你没有勇气操作的话，建议向你所信赖的心理咨询师求助，他们会给你更有力、更有效的帮助。

永远爱你的：丽珊老师

同伴导师轩哥观点

无论是老师、同学还是家长，只要触碰你的底线，你都要说出来，好脾气不代表没脾气。其实，与其说你脾气好，不如说你不知道如何跟他人表达自己的情绪。你要学会表达，让他人明白自己内心的想法，这对每个人来说都很重要。

举几个例子，你可以跟老师说："老师，我不是这样的，请您以后不要再这样说我好吗？"跟同学表达内心想法时有"严肃版"和"温和版"两款方案，"严肃版"的效果明显，一旦某个同学伤害了你，你就可以毫不留情地呵斥他，然后下个课间再跟他说："哥们儿，不好意思，没克制住……"这样既不会影响你们的关系，也可以让同学们知道你的底线在哪里，哪些话是不能跟你说的。跟父母则可以选择适当的时机直抒胸臆。你现在之所以担心自己会冲动，伤害他们，就是因为你心中的怨气太多、太深了。这种事不能忍，不然等你爆发的时候，对方会觉得莫名其妙，更伤感情。就像上次你爸爸因为要教育你，而不让你写作业，你要态度坚决地告诉他："我必须写作业了，如果我今天不写完作业，明天就没法上学。您是让我今天听您教育而导致明天不上学呢，还是马上让我写作业去呢？"让爸爸意识到你已经长大了，有自己的原则、底线了。学会表达，学会沟通，你会发现大家其实都很友善，去努力改善你的人际关系吧。

智慧点拨

在日常生活中，我们经常会有这样的体验，平时我们是非常温和的人，但一遇到某种特定的情境就会暴怒，难以控制，极大地影响了自己在大家心目中的形象，事后特别后悔。如果不加处理，下次遇到同类问题时，依然会怒不可遏。这是因为那个情境触动了你潜意识中的痛点。痛点是如何形成的呢？

中国崇尚"忍"文化，在成长中，我们将一些负面情绪压抑下去，比如大多数人提及失败，内心就充满了恐惧，于是采取回避的态度，将意识层面的痛苦压抑进入潜意识层面；再比如我们被激怒，但为了"优雅"而硬将愤怒情绪压下去，这些也可能发展成为内心的痛点。痛点像隐形的炸弹，一旦未来再次遇到同类事情，炸弹就会被引爆，引发强烈的情绪反应。而每次痛点的引爆都势必造成现实层面的危机或损失，于是又一次放大痛点。痛点就像一个伤疤，每次被撕开后创面会进一步增大，这就意味着未来被引爆的概率增多。我们常常见到的“沾火就着”的人，就是内在痛点太多的人。这种情绪反应会直接影响人格的健全发展。

成功时刻我却感觉内心被掏空，我是不是精神有问题了

Q：在别人眼里，我是个很优秀的男生，但为什么我总是出现内心空洞感？

A：将每一次的空洞感当成自我觉察、自我追问、自我成长的契机，这样就真的走在同龄人的前列了。

丽珊老师：

我是重点学校初二重点班的班长，我几乎拥有这个年龄段男生所期待的一切，外形帅气、成绩好、人缘儿不错、组织能力强。但我不明白为什么总会出现内心被掏空的感觉，那种感觉特别难受，并且不论过了多久总是历历在目，几乎每个月都会出现。无论当时在做什么，突然间就内心空洞起来，还伴着几秒钟针扎的感觉，浑身战栗。最近一次出现是在上个月我策划的班会中，班会进行得很顺利。按常理讲，我本应为自己组织的活动成功而兴奋才对，却突然间又有了这种感觉，瞬间我的心仿佛落入冰窟，好像眼前一切都与我无关。班会结束后，老师和同学向我表示祝贺，我却木然地看着大家。同学们嘲笑我太装，我知道自己不是装，而是真的高兴不起来。我担心自己的心脏有毛病，就让父母带我到医院进行了彻底的检查，检查结果是生理上没有问题，那会不会精

神有问题？

舒子冰

丽珊老师答疑

亲爱的子冰：

你的感受属于青春期正常的生理和心理反应。男生进入青春期后会长胡须、腋毛、阴毛，喉结会变大、突起，声音变粗。此外，还会出现第二性征，阴茎、睾丸在几年内明显发育增大，分泌精液，出现遗精；骨骼变硬，肌肉发达起来，出现男性特有的气味等。第二性征出现后，青少年的心理便产生明显的变化。此时智力发展迅速，抽象思维能力增强，自我意识出现，自尊心强化，常常自以为是，爱与家长和老师说理。这个阶段的男孩具有情绪易激动、易动摇、易冲动、不稳定的性格特点。与女孩接触有羞涩感，对异性产生吸引力，常好表现自己，做出勇敢、大胆、豪情满怀的行为。相对于第一性征和第二性征，第三性征不是具体的生理变化，而是比较抽象的。每个男生会表现不同的男性气质，如刚毅、有力、坚强等。众所周知，女生进入青春期生理上最明显的标志是月经来潮，这个阶段前后往往会出现情绪波动。其实男生同样有生理节律，只是没有女生那么明显，在生理周期中会出现情绪的剧烈波动，放大一些负面情绪。

子冰，既然这种情况具有普遍性，只是许多男生没有察觉，而你属于敏感型，那就以此作为自己成长的契机，每次出现这种感觉时，就默默地问自己：“我到底为什么而失落？”“我内心真正的需求是什么？”比如班会的顺利进行，如果换成其他同学就会有成就感，你为什么出现了空洞的感觉呢？是因为班会的效果没有达到你的预期？还是因为你为同学们搭建了舞台，同学们享受舞台的时候却忘记了“搭建舞台的人”？或者是别的什么？你要学会将每一次的“空洞”都当成自我觉察、自我追问、自我成长的契机。如果做到了这一点，你就真的走在同龄人的前列了。

永远爱你的：丽珊老师

同伴导师轩哥观点

我能明白你的内心感受，那种感觉可能类似于俞伯牙空有一手绝世琴技，却没有知音来听。也许是你过于优秀，周围的同学跟你不在一个层次上，使你没有真正地融入同学之中，表面上你跟同学关系都不错，却没有知音听你说心里话，没有人能与你沟通并提出意见、建议，也没有人能看到你所期望展示的东西，因为他们不了解你的想法和感受，你的空洞感由此产生。建议你多参加学校的活动，广泛地认识一些能力强的学长。你在实现自我价值的同时，找到懂得欣赏你的人，在他们的激励中，你会更好地成长，内心会更满足，这也是要与比自己能力强的人交朋友的原因。

另外，也许你现在不再需要成功，而是挫折。就像老人说的“总是一帆风顺不是什么好事”，一而再再而三的成功，让你已经失去了生活中和学习上的挑战，有些时候成长道路上多一些坎坷，才更有利于我们的成长。去接受一些更大的挑战，不仅可以经历挫折，还可以激发自己更多的潜能。

智慧点拨

“我是谁？”“我在别人心目中是怎样的一个人？”每当内心开始思考这些问题时，就要先停下手里的事情，两臂在胸前交叉，给自己一个大大的拥抱，让自己的情绪稍稍平复。然后问自己几个问题：

1.我最渴望自己成为什么样的人？

2.我哪些方面已经达到了？还有哪些方面没有达到？

3.某些方面对于我来讲真的很重要吗？

4.我如何做才能达到自己希望达到的程度？

我的热心肠却处处得罪人

Q：我好心地替同学着想，关心他们的事情，却得罪了他们，不明白这究竟错在哪儿了。

A：很多热心肠的人因为缺乏对他人情绪的细致体察，而常常好心办坏事、帮倒忙。

丽珊老师：

我最近过得特别不爽，我认为自己是个好人，处处替同学着想，但结果是得罪了一个又一个同学，现在大有孤家寡人的态势了。

我和张晓平时关系特别好。张晓值日那天午休时，同学们都在座位上吃饭，张晓却急急忙忙地扫地，弄得教室里尘土飞扬。我觉得张晓大脑搭错筋了，跟张晓说："你没看到其他人都在吃饭吗？扫什么地呀！"张晓却像没听见一样继续扫。同桌幸灾乐祸地跟我说："你以为你是谁呀，人家为什么听你的？"我觉得特别没有面子，冲着张晓喊："你有病呀，同学吃饭你扫地，什么意思？"张晓盯了我一眼，什么话都没说，还是继续扫地。我怒了，冲过去夺下张晓的笤帚……两个人扭打起来。后来张晓再也没有理我。

王安妮跟我说她爸爸（亲生的）从她很小时到现在一直偷看她的屁

股，她为此而苦恼，跟妈妈说了之后，妈妈大骂她不要脸、给爸爸头上扣屎盆子。但她就是觉得爸爸在偷看，难道不需要防范吗？王安妮初中二年级上羽毛球选修课，她发现男老师经常有意地摸她的屁股。我刚听说时也觉得有点儿奇怪，毕竟王安妮将近200斤的体重使许多男生除了拿她寻开心之外，没有人会对她感兴趣，但会不会中年男人喜欢这样的女生呢？这次我长了个心眼，没有表态，而是陪她上了一节羽毛球课，观察羽毛球老师。我觉得羽毛球老师特别正派，给学生调整动作时保持很远的距离，没有什么不正常的地方。我问王安妮是不是想多了，王安妮特别愤怒，"难道是我编排出来骗你的吗？""难道你认为我长成这样就不会被人骚扰吗？"丽珊老师，我彻底不理解了，没有人骚扰难道不是一件值得庆幸的事情吗？过了一段时间，王安妮又跟我说她爸爸偷看她屁股了，我自己没有接触过这类事情，就将王安妮面临的困难告诉了学校心理老师，让她和老师见面直接交流就可以了。王安妮又勃然大怒，说我想把她的事情公之于众。我不明白自己全心全意地关心朋友，为什么朋友却这样对我？

任欣宜

丽珊老师答疑

亲爱的欣宜：

据我观察，热心肠多是神经比较大条的人，这些人对自己和别人的情绪都缺乏细致的体察。因为缺乏对自己情绪的体察，所以他们终日乐乐呵呵，并因此貌似有个"傻人缘儿"；因为缺乏对别人情绪的体察，所以他们经常是好心办坏事、帮倒忙。这里建议热心肠的人做事要稍微谨慎一点。

欣宜，你和张晓是好朋友，但这并不意味着你可以当众吆喝她、指责她。你知道她为什么顾不上吃饭就扫地吗？是不是她中午要去办公室找老师或是家里有什么事情？你可以走到她身边，悄悄地问问。如果她时间的确紧张，你完全可以帮着她做值日呀！这样的你就是暖心朋友了。而你现在的表现给我的感觉是自我炫耀："我是张晓的朋友，你们都不喜欢她扫地，我来帮助你们制止她这愚蠢的举动。"如果换成我是张晓，我也不会承认你是我的朋友，所以我建议你跟她真诚地道歉。

再来说说王安妮的事情，我觉得这个有点儿复杂，以你的年龄和学识根本无法驾驭。王安妮说："难道是我编排出来骗你的吗？""难道你认为我长成这样就不会被人骚扰吗？"其实已经亮出了她心里的底牌。体重近200斤的王安妮内心很自卑，她对自己能否吸引异性的关注没有任何信心，但她不甘就此无所作为。为什么她主观地想象出爸爸和羽毛球老师关注她屁股呢？因为你接触不到这两个人，无法求证。如果她说班上的某个男生对她感兴趣，那就太容易求证了，况且男生和她是否有接触，班里的每个同学都看在眼里，没有任何的编排空间。而你替她找心理老师让她感觉到你是存心戳穿她，她能不急吗？如何应对这件事情呢？以后她再给你讲这些，你听了，不要追问，也不要冷漠对待，只是关切地听着就可以了。

永远爱你的：丽珊老师

同伴导师轩哥观点

首先我们说说头一件事，你没有发现张晓的异样吗？她平常也会这样吗？如果看出了她的异样，那我们应该怎么做呢？难道是对人家大吼大叫吗？显然不是，你想你这样大吼大叫，就让她与全班同学对立起来了，这难道是朋友应该做的吗？这个时候你应该走到她身边跟她说："张晓，你看大家正吃饭呢，一会儿再扫吧。"你如果发现了她的异样，就应该问她："你怎么啦，有什么事吗？要不要跟我说说？"这样的话，相信你们的感情会比原来更好，同学们也都会感谢你。

在安慰王安妮这件事情上，你觉得你没错，但是你的做法显得你既不相信人家，还到处宣传。从王安妮的角度看，你就是做错了。最好的处理方法或许是首先你要表现出足够的信任，上完体育课跟她说："羽毛球老师看着很正派，想不到也会做出这么龌龊的事。"多了一句话，却体现出你的信任，也表达出自己的想法，是不是更好呢？关于她爸爸的事，从她的角度来讲，不想让太多的人知道，你却没有经过人家的允许就告诉了心理老师，她会有被泄密、被好朋友出卖的感觉。这时候应该去问她需要什么帮助，就算你不问，也不能告诉别人。热心肠没有错，用对地方才会帮助你打造更好的人缘儿。

有些时候我们容易为自己的一些行为而感动，但是站在别人的角度上来说，可能你的行为真的很奇怪。也许你们都没有错，只是从不同的立场看，就会有不同的结果。所以与其费力不讨好，不如让自己变成一个聆听者，在了解他人诉求之后，再去帮助他们岂不是更好？

智慧点拨

人与人之间都有心理界限，在人际交往中要恪守界限，而不要过度卷入，否则就将自己和对方的关系推到窘境了。

【本章小结】

进入青春期的一个重要标志就是自我意识增强，用挑剔的目光审视自己，从别人的言谈举止中搜寻蛛丝马迹，以此判断自己在别人心目中的形象。"我是谁？""我在别人眼中是怎样的人？""他们接受我吗？"这些自我追问在引发内心纠结的同时也会引领心灵的成长。

第二章 友情带来的困惑

没有朋友会觉得孤独，“人家外向的有朋友，内向的也有朋友；学习好的有朋友，学习不好的也有朋友；为什么偏偏就我没有朋友？”

有朋友也不是完全称心如意，经常会被友情牵绊。“为什么朋友不懂我的心？”“为什么在友情中我是委曲求全的那一个呢？”“怎样才能既维持友情又不失去自我？”

曾经的好朋友变得越来越庸俗，我该怎么帮她

Q：小学时代的好朋友跟我升入了不同的中学，最近我发现她变得庸俗、不求上进，对待我的态度也180度大转变，是不是她还介意小学时我们之间发生的那件不愉快的事？

A：成长路上，每个事件都有可能成为重要的节点。消除隔阂的关键是直面曾经的“误伤”。

丽珊老师：

我是初二女生，刚刚和小学时的闺密沈乃俏见面回来，我们曾是班里最好的闺密，但现在的她沾染了非常强烈的“社会气”，她向我炫耀自己各种潮牌服装和鞋子，说学习没有用，还告诉我，就算考上重点大学，未来也是大学毕业就失业，而她打算享受生活，结交更多的朋友……我觉得她彻底变了，不再是那个努力学习、积极进取的小伙伴了。小学时因为我成绩好，而且是班长，沈乃俏几乎所有事情都听我的，但现在她不再听我的了，甚至嘲笑我的选择。我特别痛心，觉得她好陌生。

丽珊老师，我和沈乃俏的关系一直特别好，她对我言听计从，我也经常鼓励她努力学习，相约一起考进我现在所在的重点中学。这里我想提一下在小学时发生的一件事儿，那是六年级时，学校开始使用“校讯通”，

当时班主任问哪位班委可以完成每天晚上给家长发当天作业的任务，我认为这项工作本应就是我这个班长来担当，所以第一时间领下任务。班主任对我积极承担任务表示满意。但是当时我家里并没有电脑，只能每天放学到姨妈家发“校讯通”，然后再回家，这简直太麻烦了，所以仅仅坚持了半个月就无法完成任务了。

我当时敢于接下这个任务还有一个原因，就是知道沈乃俏家有电脑，还有网络，而且她一再跟我表示，她希望发“校讯通”，像个小班长一样。于是我每天将应该发的内容给沈乃俏。但期中考试前两天，班主任嘱咐学生和家长各种考试相关的内容，迟迟没有见到在“校讯通”上发布。我给沈乃俏打电话，但一直没有人接听。第二天到了学校，班主任就狠狠地批评我没有完成任务。我这才告诉班主任，这么长时间以来一直是沈乃俏发“校讯通”。班主任十分生气，认为我大包大揽，又把工作派给其他同学。沈乃俏的父母在考试前不让她上网，她从来就没有跟我提起过这些。那件事之后，我们的关系有些疏远了。初一假期见面时，沈乃俏告诉我，她父母说我太有心计，自己在班主任面前邀功而让别人帮着干活儿，并且小升初获得了重点中学的保送机会，不让她跟我玩儿了。

丽珊老师，我特别委屈，我并没有什么心计，只是想着如何帮老师做工作而已。您说沈乃俏现在这样是不是和她没有考上重点初中有关？是不是和“校讯通”这件事有关？我怎么帮助她呀？

步佳妍

丽珊老师答疑

亲爱的佳妍：

从你的担忧和惋惜中我能感觉到你对沈乃俏的关心，你希望她和你一样不忘初心，热爱学习，并通过学习获得成就感，而不是沾染庸俗气息，贬低学习。但我想告诉你，“眼见的不一定为实”。她不和你在一起时是否也这样呢？为什么我会有这样的疑问呢？因为“校讯通”事件使你们之间的关系变得微妙了。小学时你是班长，她是你的朋友，你愿意替班主任分担更多的工作，而她也愿意直接为你做事的同时间接为班级做工作。由此她会产生“核心团队”的荣誉感，所以她并没有觉得被你利用。小升初时你被保送到重点学校，极大地刺激了她的父母，觉得女儿的辛苦付出为你积累了业绩，父母反复的强化让她感觉到自己被你利用了，成为你攀缘人生顶峰的垫脚石，由此产生了屈辱感。你们的人生轨迹在一定程度上已经不太一样了，所以她不再想在你主场的领域和你交流而让你体会成就感，她选择了你不熟悉的领域，让你在谈话内容上产生客场的感觉，由此她收获一种主场的快感。而她不和你在一起上学，她在自己的学校和班级中到底是什么样子，咱们不得而知。

佳妍，你可能惊叹一个小小的“校讯通”事件能对人的内心产生如此强烈的影响。是的，在成长的路上，每个事件都有可能成为重要的节点。那么你是不是真如沈乃俏父母所描述的那么功利呢？如何评价你承担“校讯通”任务呢？主观上是为班级服务，客观上是成就了自己。但你处理问题的方式是同学和家长都难以接受的，所以未来做事情一定要量力而行，接受一项任务之前一定要对自己拥有的资源进行科学的评估，如果资源不足千万别揽活儿。当初你家连电脑都没有，你先是借助姨妈家的电脑，这显然是临时性行为。完全托付给沈乃俏后，如果你能及时告诉班主任，让班主任直接和沈乃俏交接也没有问题。但你一直挡在中间，给班主任造成一个假象是你在替班级做工作，这就有了巧使唤人的嫌疑，所以沈乃俏的父母那么评价你也没有什么错误。

佳妍，我坚信你小学时只是求胜心切，并不是功利，但现实是这些业绩积累在一起，你获得了保送的机会，这不得不让人多想。沈乃俏越长大越会觉得自己年幼无知，被你利用了，与你见面时，她要用愤世嫉俗来包装自己，让你知道你所擅长和你所拥有的恰恰是她所不在意的。如果此时你再“教育”她，彰显你的优势，生生把她拉进你的轨道，只能让她对你更加抵触，甚至会将友情彻底终结。如果你还希望和她继续做朋友，在交流中就进入她的轨道，用她的语言和她交流，多多向她求教和学习，增强她的价值感。

佳妍，我希望你永远记得“校讯通”事件对沈乃俏的影响，对你自我形象的影响，对你们之间友情的影响。未来做事要考虑周全，千万不要认为所有人都可以被我调遣，不要认为所有人都是我成长路上的阶梯。如果那样，越长大就会越孤单了。

永远爱你的：丽珊老师

同伴导师轩哥观点

你自己想，“校讯通”事件你办得妥当吗？你在老师那里获得了鲜花与掌声，然后把工作都推给别人了。换位思考一下，假如你辛辛苦苦办了一件事，你的同学什么都没有做，最后老师夸奖的是你的同学，你心里会舒服吗？

小升初之后，你和闺密到了不同的环境，受到了不同的影响，所以她这样也是正常的表现。我理解你替闺密捏一把汗的心情。当你有了这个想法的时候，你们的关系就已经不平等了，你的身份不再像一个朋友，而是像一个说教的长辈或老师，你觉得她还会听得进去吗？如果你真的想帮助她，那么就去了解她现在的喜好，其实那些东西知道一点儿也没有坏处，跟她有了共同语言才有可能打开她的心结，然后再把你所希望的告诉她，慢慢影响她，把她带回正轨。你可以尝试去了解她的想法，再去让她明白你的想法，在平等的关系中，沟通会变得更加简单。我相信你们的感情足以融化现在隔在你们之间的“冰山”，我也相信你们一定能实现各自的理想与追求。

智慧点拨

“工作中有我，荣誉中无我”是我担任班主任时对每一位班委的要求。为什么有的班委在服务班主任的同时还能被绝大多数同学认同？为什么有的班委则成为同学的“公敌”？核心就在于班委如何处理工作与荣誉之间的关系。公道自在人心，班委默默把工作做了，却不追逐荣誉，会给同学留下美好的印象，反之会激发同学的逆反心理。班委不但个人无法心安理得地获得荣誉，而且还可能把班风带歪了。一盘散沙的班级通常会有一个功利心重、自我中心的班长。

被朋友欺骗，感觉自己像个小丑

Q：为了朋友，我丧失了原则和底线，最终发现不过是被利用了，想想自己如同小丑一样可笑。

A：人际交往的原则是“你好，我好，世界好”，无法满足其中的任何一项都注定是短命友情。

丽珊老师：

我在初一的暑假里只要想起上学期的事儿就恶心，浑身起鸡皮疙瘩，根本无法想象初二再走进那个班时自己是怎样的心理状态。我小学阶段尽管成绩非常好却始终没有朋友。升入初一，我下定决心无论如何都要交到朋友，于是我们邻座的四个女生成了“死党”。初一时，每位同学都渴望成为第一批团员，我的成绩始终是前五名，并且是班委，在我们四个人中可能性是最大的。

王洁那阵子情绪特别低落，说父母要送她出国，她不想离开小伙伴，最后与父母达成一致，如果她第一批入团就不出国了。为帮助王洁，我每天像上了发条一样游说同学给王洁投票，为此我还给同学分发零食……王洁如愿以偿，我落选了，但我仍然很高兴。因为经过我们的努力留住了王洁，小伙伴可以不分离了。班主任知道我拉选票的事情后，特别严肃地训斥我，说我的行为已经构成贿选。我害怕这件事会影响自己在班主任心中的形象，同时也安慰自己，帮助同学没有什么不对的。期中考试时，我恰好坐在王洁前面，王洁告诉我，她的父母又反悔了，说如果这次考不好依然送她出国，她让我考试时“助攻”。第一科考试我将卷子放到王洁看得清的位置，被监考老师抓住……班主任的暴怒震慑了我，我如实地告诉班主任，贿选和作弊都是为了帮助王洁能够继续留在国内上学。我被撤职了。班主任从王洁家长那里得知所有关于出国的事情都是她自己编的，只是为了第一批入团而已……王洁觉得是我出卖了她，让她丢面子，她鼓动另外两个朋友都不理我了。我觉得自己成了全班同学的笑柄，同学们看我的眼神都怪怪的。我又成了孤家寡人，只是和小学不一样的是，小学时我成绩好，算是“高冷”，而现在是小丑。

刘雪飞

丽珊老师答疑

亲爱的雪飞：

你像老鹰捉小鸡中的老母鸡一样奋不顾身地保护着你心目中的友情，为此你丧失了原则和底线——贿选和作弊，可结果不仅丢了班委的职务，失去了朋友，还在班主任和同学心目中落下了笑柄。我太理解你此时的心理感受了，问题到底出在哪里呢？你为什么会在友情中卷入度那么高呢？一是你小学没有朋友，你渴望在初中交到朋友，但不知道如何交朋友；二是王洁彻底读懂了你内心的诉求，一遍一遍地暗示你，如果你不按她说的去做，将会失去她这个朋友，要么是不跟你玩儿，要么是她要去国外念书。为了挽留她，你全然不去考虑自己能否第一批入团，而是不惜血本地帮她拉选票。作为班委，你的行为在同学眼中会代表班主任的意思，大家自然选她。而既是班委又是尖子生的你却落选，在一定程度上说明了同学对你这些行为不满。王洁把你拉下水，违反了纪律之后，你和她就彻底地拴在一条绳上了，她对你变本加厉，让你帮她作弊，你再次就范。幸亏班主任免去了你的班委职务，客观上保护了你，不然王洁更会认为你在危急关头为了保全自己而出卖她。

雪飞，在人际交往中要遵循“你好，我好，世界好”的原则，你与王洁的关系仅仅满足了“你好，我好”，却严重破坏了“世界好”的原则，说明这种友情并不是积极健康的，注定不会长久。如果不是被班主任叫停，未来还不知道她会让你继续做什么没有底线的事情呢。

雪飞，你现在回想上学期的事情充满了懊悔是对的，但沉浸在懊悔中就没有意义了。利用假期好好反思一下自己为什么不能交到更多的朋友？你不是以自我为中心，你又渴望友情，愿意为友情付出，同时，你学习成绩好也是一个很好的资源，为什么不将自己在学习上的优势放大，帮助更多的同学，结识更多的朋友呢？利用假期多多接触同龄人，学习人际交往技巧，开学后以崭新的姿态出现在班集体里。

雪飞，王洁不是坏人，只是她很精明，准确地揣摩了你内心最需要什么、最担心失去什么，巧妙地为她所用而已。如果你认定是她“骗”了你，把责任完全推到她身上，而自己陷入被动挨打的状态，除了恨她、自怨自艾之外，你并没有获得成长。如果你认定她仅仅是利用了你为获得友情而不惜丧失原则的话，你就成了主动一方，明确认识到无论什么时候都不能出卖自己的原则和底线。这样，你未来在人际交往中就不会再犯同样的错误了。

永远爱你的：丽珊老师

同伴导师轩哥观点

与其说你在交朋友，不如说你在乞求一份友情，这是畸形的友情，换句话说就是没有意义的友情。通过这件事，包括你在内的所有人都知道了王洁是怎样的人，其实该被孤立或者该有信任危机、师生关系危机的人是她，而不是你。俗话说：公道自在人心。大家知道王洁太有心计、不靠谱，但大家不知道你为什么会无原则地帮助她，“傻”得出人意料，这是大家用奇怪的眼神看你的原因。注意，是“奇怪”而不是“厌恶”。所以我们要改变局面，现在是暑假，除了学习之外可以培养一两个爱好。开学之后，借助这些爱好找上几个志趣相投的朋友，学会与朋友平等相处，让大家慢慢了解你的为人。至于王洁嘛，如果你能很大度，就主动和她说话。如果你无法摆脱被愚弄的感觉，不理也罢。总之，建立在平等基础上的友情才是真正的友情。

智慧点拨

如何与朋友交往也是需要学习的。从小到大，我们所学的文化知识经过了预习、课堂学习、练习、考试等各个环节，才能成为一种技能并灵活运用。文化知识是固定的、有规律可循的。而友情是建立在人与人之间，是两个变量之间的互动，没有固定的放之四海而皆准的模式。学生时代要广泛地与同龄人交流，积累经验，总结规律。

好朋友处处照顾我，让我觉得别扭

Q：好朋友的贴心照顾，让我特别不好意思，我不知道如何回报，甚至因为这个，我都不想再跟他一起玩儿了。

A：朋友无条件对你好，可见你是个好人。你们之间的深厚感情缘于心理依赖，珍惜这份真挚的友情吧！

丽珊老师：

我是市重点学校的初一男生，现在最大的苦恼是五一假期我要不要答应小学同学韩泽的邀请一起去玩儿？如果不去玩儿，我该如何拒绝他呢？

小学时我们俩是“小排头”、同桌、铁哥们儿，因为小个子男生和高个子男生凑在一起总是被欺负，所以我们俩过着“闭关锁国”的生活，我们有太多的共同语言了。我们相约一起考到全市最好的中学……我特别享受两个人一起为了理想而努力的时光。小升初考试，我如愿以偿，韩泽却到了一所稍微差一些的学校。暑假里我特别落寞，不知道到新环境是不是还能遇到像韩泽这样的好朋友，倒是韩泽安慰我，只要保持联系，两个人中考时可以考进同一所高中。开学之后，我们依然保持密切的短信联系，分享各学科老师讲的内容和学校新闻。寒假见面时，韩泽明显长高了许多，他骑自行车载着我去河边玩耍。整个过程韩泽就像大人保护小孩一样，走路时让我走在他的右侧，避免直接和车辆相邻，还给我买水喝，玩儿热了还帮我抱着臃肿的棉服……我特别不好意思，不知道韩泽为什么对我这么好，我更不知道应该如何回报韩泽。进入4月份，韩泽一直和我商量五一去哪里玩儿，可我想起韩泽对自己那么关心，反而不想去玩儿了，但又不知道如何回绝。

崔子宸

丽珊老师答疑

亲爱的子宸：

双臂在胸前交叉，给自己一个大大的拥抱吧！因为当别人无条件对你好时，就说明你是一个好人，值得朋友牵挂和善待。

子宸，你是一个耿直的人，认定无功不受禄，你觉得自己并没有给予韩泽什么，他对你的好让你诚惶诚恐，不知道如何回报，由此产生了心理负担。其实问题并没有那么复杂。子宸，你和韩泽表面上仅仅是小学同桌，但在心理上，你们彼此依靠，互为支撑。因为个子小，你们都曾经面临来自高个子男生欺负的威胁，你们俩抱团取暖，过着“与世无争”的生活，因为彼此的存在而不孤独。心理依赖度高使你们建立起深厚的感情，尽管一个学期没有见面，但就像亲人，见面后不需要寒暄便心贴心地相处。

子宸，韩泽对你这么好也是他对自己心理的一种补偿。个子小时，他可能设想过很多次，如果自己长高了，不但不会欺负个子小的同学，反而要像大人一样保护他们。寒假见到你不如他高，他一下子有了责任感和使命感，按照他曾经设想的各种方式来关照你、爱护你。

子宸，韩泽还把你当作自己奋斗的动力。你们曾相约一起考入最好的初中，你考上了，而他没有考上，你成为他心目中的榜样，共同的成长经历使他认为你就是另一个成功的“自己”。学习时懈怠了或者迷茫了，他就会安慰自己，在最好的中学里有他最要好、当初成绩不相上下的哥们儿，这可能就是他努力学习、争取高中和你上同一个学校的动力所在。你就是他的希望。

子宸，放平心态，像关心自己一样多多关心韩泽的学习，将学习资料和进度与他分享，你们不仅是好朋友，而且还可以成为学习上的“同盟军”。

永远爱你的：丽珊老师

同伴导师轩哥观点

韩泽这么做，也许只是因为他比你高了，让他觉得应该照顾你。当然我也觉得你们这样有点儿别扭，所以你可以通过实际行动来告诉他，你不需要他这么照顾。比如，找他之前给他带瓶水，请他吃顿中午饭，一起骑车出去玩儿，自己抱着衣服，搭着他的肩等。看得出来他很珍惜你们这段友情，处处照顾你可能没想到会让你不舒服。站在他的角度想，他会觉得自己处处都很贴心，所以你们可以沟通一下，像开玩笑一样，以避免尴尬。其实你应该珍惜这段友情，你们是发小，很难得的关系，好好维护，等你长得比他高了再回报他也不晚，对吧？

智慧点拨

友情中的两个人不可能保持同步成长，只要保持一颗平常心，处于相对高位不自大，处于相对低位不自卑，就能拥有稳定而长久的友情。

我为朋友出头，朋友根本不领情

Q：当我看见那块抹布被扔到朋友脸上，我暴打了肇事者，结果朋友反而跟我说：“你省省吧！”

A：同一件事给不同的人带来不同的情绪感受，反思一下为什么得不到同学的认同。

丽珊老师：

我就不明白了，明明帮哥们儿侯雷出气，他不但不领情，反而在班主任调查事件的过程中，还表现出对我的所作所为不太理解的样子，这太让我气愤了，他还算我的朋友吗？

我长得很高大，天生暴脾气，说话又不太顾及别人的感受，所以从小到大朋友不算多。我很珍惜与侯雷的友情。

事发当天是侯雷值日，他平时做事就有拖延的习惯，擦黑板从来不积极，第一节课的板书总得等到打了第二节上课铃之后才擦。每节课都会因为黑板没擦而耽误一两分钟。下午第一节课前，侯雷的值日组长把刚洗过的抹布扔给他，可能是巧合，正好打到他的脸上。我心想：“什么情况？这不是挑衅吗？你也不问问侯雷的朋友是谁？”我很气愤，上前不容分说就打了组长，然后两个人厮打在一起。被班主任叫到办公室后，组长说他担心侯雷又拖延擦黑板，耽误上课，就特意帮他洗了抹布，不小心打到他的脸上。侯雷对组长的解释非常认同，并表示组长是为他分担了值日。而我却里外不是人，这叫什么事儿呀。

回家之后，我还是难以平息自己的愤怒，转念一想，是不是侯雷害怕组长告诉班主任他总是拖延值日，而不敢说出自己对组长的愤怒呢？我就给他发短信，告诉他不用怕，如果组长对他有什么不利言行，我会继续替他出头的。侯雷很长时间没有回复，直到临睡前才回了一句："你省省吧！"我就不明白了，他为什么会是这样的态度。

丽珊老师，我可能是看武侠电视剧太多了，一直期待自己成为一个侠肝义胆的侠客，在班里"路见不平一声吼，该出手时就出手"。升入初中已经收敛很多了，但就是见不得这种事情。我已经有几天不理侯雷了，准确说是他有意地躲着我，这个胆小鬼，他根本就不知道谁向着他。

丽珊老师，我跟侯雷的友情难道就此结束了吗？可我不明白自己到底错哪儿了？

闫伟鹏

丽珊老师答疑

亲爱的伟鹏：

你现在的内心感受是什么？是委屈、气愤，还是无奈？我此时的脑海里一直萦绕着四个字——"没事找事"，你在学校是不是特别闲？不是关注更有意义的事情，而是专门观察谁不擦黑板，谁把抹布扔到别人脸上。我不觉得你是在为侯雷出头，如果你真的把他当朋友，明明知道他拖延擦黑板影响老师上课，你可以课间提醒他抓紧擦，或直接帮他擦了，这些有意义的事情貌似你都没有做。而人家值日组长替他洗了抹布，扔给他时无意中打到他的脸上，你暴怒了，甚至觉得人家组长这一行为真正挑战的是侯雷的朋友——伟鹏大哥，还和人家发生肢体冲突，真的是太滑稽了。我想你们全班师生除你之外都会觉得你是无端生事。

伟鹏，从你处理问题的方式中，我能想象到你平时不会有太好的人缘儿。你太情绪化，太爱挑事儿了。和你在一起意味着别想再消停。我想通过这件事侯雷也会认清你、远离你。

同一件事情，不同的人会产生不同的情绪感受，所以人的情绪不是事情本身引起的，而是人的内在理念在起作用。“扔抹布”在侯雷眼中是组长帮忙，在你的眼中却是组长欺负侯雷。你的内心投射有些极端。

伟鹏，如果你总是在人与人之间的互动中看到欺负、伤害，说明你潜意识中的痛点太多了。

伟鹏，通过这件事，你要静下心来反思自己的成长过程，是否遭遇过什么比较极端的事情，造成你的愤愤不平？再进一步反思之前在人际交往中难以获得同学的认同、无法交到朋友的原因。伟鹏，你现在就像情绪上的“垃圾人”一样，总是充满负能量，大家都会避之不及，而大家对你的态度会进一步强化你内心的痛苦。

最后，请回答我以下几个问题：

1.你对自己哪些方面不满意？

2.经过努力，你可以改善这些不满意的状况吗？

3.如果不能改变，你能与这些不满意和谐相处吗？

永远爱你的：丽珊老师

同伴导师轩哥观点

如果没有你介入，这件事就不会闹到班主任那里，一件小事被你弄得满城风雨，你还不知道自己哪儿错了吗？我们生活在现实中，不是武侠小说里，不是什么事都要用打打杀杀来解决。就拿这件事来说，明明一件“对不起”“没关系”就能解决的事，你却给弄得这么大，有什么必要呢？从侯雷的角度来讲，因为你的冲动有可能会让他惹上更多的麻烦，也可能失去一些朋友，那么人家为什么还要跟你做朋友呢？现在去跟组长道个歉，再跟侯雷解释一下自己太冲动了，以后不会再发生类似事情了，这份友情也许还能挽回。

除此之外，还应该考虑一下，你的朋友希望你做些什么，替他们打架吗？那你岂不是成了保镖。这不是正常的朋友关系，换句话说，你的朋友并不需要你这么做。每个人都有自己解决问题的方式和想法，不要强行替别人出头。

智慧点拨

你是否有过这样的经历，与某个人第一次见面，之前没有对方的任何信息，但一眼看过去，你就会喜欢他，希望能够和他多交流；或者是第一眼看过去就讨厌对方，不想和他有任何交集。我们意识不到却客观存在的就是潜意识。我们的情绪往往被潜意识中的事情所掌控。每一次冲动都代表自己内在的一个痛点被引爆，清理痛点才能让自己心态平和。

清理内在痛点的方案如下：

1.你往往在什么情境下无法控制自己的情绪？

2.当时你的内在感受是什么？

3.将当时的情景讲出来。

4.情绪失控是否给你的现实生活带来了影响或者危机？

5.你是否认真反思过引发你情绪失控的理念是什么？

6.你认为那个理念合理吗?

7.如果不合理，现在的你是否可以说出更符合常识和现实生活的理念呢?

8.如果未来再遇到类似的情况，你是否可以控制住自己的情绪呢?

被好友排挤，我做错了什么

Q：朋友ABC圈子中，我跟A闹掰了，B明知是A伤害了我，却更加亲近A而疏远我。为什么是我被排挤出朋友圈？

A：卑微、迁就或盛气凌人都难以维持友情之花常开不谢。

丽珊老师：

我觉得自己最近一段时间总是希望用班委身份、学习成绩好或家境殷实等来压服同桌，我清醒地意识到如果再这样下去，我们之间的关系会彻底崩盘，但我还是无法控制自己。这一切都是我们ABC圈子引发的。为了方便讲述，我姑且称同桌为B，另一个同学暂且叫A。A和我是小学同学，高中又是同班，也算缘分不浅。我介绍她们俩认识，后来因为一些事情，我和A发生了矛盾，渐渐疏远，而B和A走得很近。B的理由是A除了她之外没有其他朋友，A处处听从她的，让她很有存在感，而我并不缺她这个朋友。这话听得我心里可难受了。

我认为，B根本就不了解A是怎样的一个人。我和A在小学时很有渊源，当时我们是同桌，A的母亲是学校的教学副校长，A一直享受各种优待。和A在一起时，我总有种"伴君如伴虎"的感觉，既希望和A关系好来让班主任高看自己一眼，又生怕自己哪点得罪了她，她妈妈会在关键时刻给我制造什么麻烦。

小升初时，A被保送到全市最好的初中，而我则考入了一所二流的学校。3年后，我们又在这所高中相遇，自然凑在一起。我第一次从内心感觉我们之间是平等关系时，内心不仅平和而且对A更包容了。A与我在一起时却依然有高高在上的感觉，总是让我陪她干这干那。造成我们俩直接冲突的是有一天放学，我让A陪我去文具店买东西，A显得很不耐烦，说她先慢慢向公交车站走，在那里等我。等我紧赶慢赶地到了车站后却没看见A，我没有手机联系不上她，想走又怕A万一是路上遇到同学说话耽搁了，苦苦等了半个多小时，依然没有见到她的踪影，这才上车。回家之后我给A打电话，A平静地告诉我，她到车站时车恰好来了，她就上车了……我们之间崩了。

B主动与A接触，并疏远了我。我追问B为什么没有是非观念，明明知道是A伤害了我，她却亲近A，疏远我。丽珊老师，我不明白，在三个人的关系中我并没有做错任何事，结果却被抛弃，但毕竟我还和B是同桌，我总是有意无意地讽刺B，我们之间的关系也面临着解体，如果真的落单了，上理科实验课时，我和谁一组做实验呢?

苏文萱

丽珊老师答疑

亲爱的文萱：

你现在的感觉的确难受。B是你的同桌，你介绍她和A认识，为她们创造了深度交流的机会。但在你和A闹僵之后，她仍然和A走得很近，并且明确告诉你，她和A在一起有存在感。摆明了，如果你不够好，她就此不理你也是完全可能的。为什么你会沦落到这种境地呢?

文萱，咱们先说说你和A的关系。你和A之间非常微妙，小学时因为她是教师子弟，你处处谦让她。尽管你所在的初中不如她，但你们在高中相遇，你觉得可以和她平等相处了，由此我感觉到你的等级意识特别强烈。一般情况下，成年人不会卷入孩子间的交往。你的处处小心误导了A，她认为你巴结她、依赖她、离不了她，是你助长了她在与你交往中的优越感。退一步讲，就算她母亲护犊子，你掌握她公报私仇的证据，那你完全可以不和A有任何交集，也犯不着自轻自贱地维持和她的关系。总之，在与同龄人交往中将自己放在“小可怜”的位置是不明智的。

文萱，从A不顾及你的感受而自己坐公交车离开这件事的处理方法中，我知道她为什么会没有朋友了，她的自我中心已经到了自动化的程度，凡事只考虑自己，这与她小学阶段的成长环境有很大关系。特殊的身份使她处于非常态的人际互动之中，老师和同学处处迁就她，她没有学会考虑别人的感受，尤其是与你的交往激活了她小学时代的优越感。从这个层面来说，你们两个人的交往既对她的自我改善不利，又强化了你的内在痛点，让你总有一种屈辱感。你们的关系退回到普通同学关系对于你们双方都有好处。

文萱，B和A在一起有存在感，这是你无法给予她的，由此不难看出，你在和同桌的交流中比较强势，至少她感受到压抑、不舒畅。而你说的用职务、成绩和家境来压服她又佐证了我的判断。无论谁，只要在别人面前彰显优越感，都会“逼走”人家。

文萱，你现在要静下来反思自己在人际交往中的得与失，在与A和B的关系中站在原地，不要有任何行动。她们对于你来讲最大的价值不是友情，而是提醒你反思自己的交友观和交友的方法。你应该去结识更多的同学，并珍惜每一位和你交流的同学。

文萱，善待她们吧，祝福她们友谊长存是你调整自己心态的最好方案。

永远爱你的：丽珊老师

同伴导师轩哥观点

你们之间的关系好复杂啊！你面对A时，是不是还有一种小学时留下的惧怕感？从A的角度来讲，她只有跟你在一起的时候才有那种“优越感”，所以她的朋友不多。从B的角度来讲，你天天“欺负”她，而欺负你的A什么事都力挺她，那么B当然喜欢跟A在一起，这种友好也感染了A，所以她们就“走到了一起”。你可以选择跟B平等相处，不要像A对待你那样对待B，在一些事上征求B的意见，多听B说话，这样你们的关系可以回归正常。同时和A站在一个平等的地位，帮助她尽快适应高中生活，多介绍朋友给她。当然，如果无法挽回，你也可以去结交更多的新朋友，在上一段友情中的失败会让我们更加珍惜下一段友情。另外，做人要达观一点儿，也许你不适合和她们做朋友，那么就大胆放弃，去寻找志同道合的朋友吧！

智慧点拨

在人与人的互动中，如何建立自我形象，如何捍卫自我形象，如何保持平等的状态是十分重要的。无私者无畏，只要我们不对权贵寄予希冀，内心就会更强大。坚定地做好自己，而不需要委曲求全，因为这样也根本就无法求得两全，更不需要丧失自尊去逢迎权贵。

为什么有的人拒绝别人仍然有好人缘儿

Q：我平时人缘儿不错，评选“三好生”时却惨败，这是我的人缘儿出了问题吗？周围一些女生常常拒绝别人却仍然有好人缘儿，我为什么做不到？

A：拒绝别人是个技术活儿。

丽珊老师：

我小学时是个很顽劣的女生，全班男生都被我打过，大家都怕我。升入重点初中之后，我觉得自己的行为和这个环境不太相符，就以文静温柔的黄倩作为榜样，重新塑造自己。我主动接近黄倩，和她成为朋友，我希望在交往中对黄倩多观察、多学习。一个月过去了，黄倩却被我“带坏了”，变得也和男生嘻嘻哈哈，不再那么文静了。我特别沮丧，黄倩为什么不能保持文静，给我树立一个榜样？

我平时和男生女生都说说笑笑的，但评“三好生”时仅仅得了一票，是一位平时几乎不怎么说话的男生投给我的。我观察票数多的同学都是学习中上等、比较“高冷”不太和同学接触的。我又迷茫了，自己努力团结同学，有时甚至自己都觉得是在讨好同学，结果人缘儿还是不好。尽管我从来不在意“三好生”评选，但投票结果也能从另一个层面说明人缘儿吧。

丽珊老师，我深刻地反思了自己，为什么那么没底线地迎合大家，最根本的原因是自己不会拒绝别人的任何请求。只要闺密让我陪着干什么，我心里再不情愿也都会勉为其难地答应，为此妈妈不止一次地说我为了别人的事情耽误自己的时间。我觉得妈妈说得有道理，甚至下定决心以后不再答应别人的请求，但只要人家一招呼，我还是马上答应。我现在特别佩服一些女生，她们非常习惯拒绝别人的请求，同时人缘儿还特别好。丽珊老师，我觉得这样对自己特别不公平，您能告诉我如何拒绝别人又能有人缘儿吗？

孟欣然

丽珊老师答疑

亲爱的欣然：

从你的求助中不难看出你是一个敢于自我成长、善于自我成长的聪明女孩，我特别乐意帮助你。

欣然，你善于自我觉察，小学时你是“追杀”男生的狂野女生，那个时候你活得很自我、很充实。但进入重点初中之后，你觉得再疯疯癫癫下去不合适了，不能图自己一时开心，更要为未来着想。你观察周围的同学，希望选择一个自我成长的榜样，这又是你的聪明之处。你善于学习，你觉得黄倩的文静和矜持不错，像你心目中的女生，为了更好地向她学习，你靠近她，和她成为朋友，希望观察和模仿她的为人处世。只是非常遗憾，黄倩没有坚守自己的模式，却和你之前的行为方式越来越接近了。由此不难看出你的影响力还是很大的。其实和男生交流与成长为一个气质优雅的女生之间并不是对立的，只要恪守自己的原则、分寸和行为方式，广泛地与异性交往对自我成长是有利的。

欣然，无论是谁，只要打破一个旧的自我模型，建立一个新的自我模型都会产生失重的感觉，不知道是否应该坚持，这是很正常的心理反应。“三好生”的评选让你迷茫了，为什么自己文静了，却只获得了一票，而且投你票的是一个平时不怎么接触的男生，你不禁要问，自己的那些朋友都投给谁了，他们到底把自己当朋友没有？其实，评“三好生”和做朋友是两个完全不同的系统。不是所的同学都在意“三好生”评选的，同学们没有想起给你投票可能是你平时根本就没有表达过争做“三好生”的诉求。他们就按照思维定式给那些有诉求的或硬指标高的同学投票了。因此，你通过这个得票数来衡量自己的人缘儿是不科学的。

欣然，拒绝别人是个技术活儿。一是需要强大的内心，缺乏自我价值感和自我认同感的人不敢拒绝别人，生怕由此失去友情。但换个角度来看，如果一次拒绝就能断送的那还是友情吗？二是方法要得当，如果过于直接，可能会伤害对方的面子或内心感受，可以委婉地拒绝，这样既不为难自己做不喜欢的事情，又给对方留有面子。三是态度要坚决，来回拉抽屉是最不好的，先是拒绝人家，反思后觉得得罪人了，又勉为其难地答应人家，之后后悔又找借口拒绝……这是最伤感情的事情。如果想拒绝就一次到位，不留有改变的空间。四是语气柔和，有的人拒绝人特别生硬，本来被拒绝就让人失望，如果对方语气再不好，那肯定会造成负面情绪。

欣然，明确了自己的人生方向，就要坚定地走下去，当周围人接受了你的新形象，你的自信心就会提高，也就会更加从容了。

永远爱你的：丽珊老师

同伴导师轩哥观点

其实这种经历也挺正常的，毕竟青春期嘛，跟男生嘻嘻哈哈要比文静容易得多，也正常得多，所以不用沮丧把黄倩“带坏”了。你有没有表达过很想当“三好生”的需求呢？你在选举的时候又都选的谁呢？其实这件事没什么大不了的，如果你跟你的朋友们表达愿望并为之努力，那我想他们大多都会选你的。一般情况下，这种事大家为了图便捷，就选一些平常成绩名列前茅的人，这样最省事，所以也说明不了什么。

拒绝别人说难也难，说简单也简单。说难就难在怎么拒绝别人，还不会让人家觉得你存心不帮忙；说简单是这种理由有很多。比如闺密让你放学后陪她逛街，你不想去，你可以说："哎呀，我也挺想去的，可是我妈妈已经说好来接我去办事的，实在不好意思，我们下次再约吧。"这样你既保持了人缘儿，又成功地拒绝了别人。但是要注意不要用那些可有可无的事作为拒绝的理由，比如我今天想打游戏，我今天想跟谁谁谁出去玩儿，这会让别人觉得自己对你而言不重要，这样他就会疏远你。当然了，练习练习你就能掌握精髓。

智慧点拨

自我成长的流程如下：自我觉察，对比周围的同龄人，发现自己一些具有成长空间的方向；自我反思，想想自己某些行为形成的原因；观察模仿，在自己的周围选择榜样，认真观察他们的行为方式，揣摩他们与周围人的互动，制订适合自己的行为模式；大胆成长并固定自己新的行为方式。

评选“三好生”，最好的朋友竟然不投我的票

Q：尽管我最终被评选为“三好生”，但情绪非常低落，因为我知道好几个哥们儿在关键时刻都没有投我的票。

A：等负面情绪完全平复后，分别和几个哥们儿推心置腹地谈谈吧。

丽珊老师：

我被评为市级“三好生”，本应高兴才对，但我的情绪始终很低落，并且这种低落呈现越来越严重的态势。我是班长，平时和大家相处时很随和，和男生一起打篮球、踢足球，也偶尔和女生一起八卦一下。评选“三好生”时，分为班内推举和年级竞选两个环节。当时我对班内推举很有自信，我们班里还有一位女生班长，她除了学习成绩好之外，班里所有的活动几乎很少参与，我有信心能够完胜。出乎意料的是，我和女生班长竟然两次并列，最后我仅仅以一票的微弱优势胜出。我特别不理解选女生班长的同学是怎么想的，难道他们没有看到我为了班里工作忙里忙外吗？年级竞选过程却异常顺利。尽管选上了，但我有种如鲠在喉的感觉。

评选后的第二天，看着女生班长从我同桌的座位旁边走过，同桌无意中说：“我本来希望她能获胜，谁想我没有投你票，她还是没有胜过你……”话一出口，同桌好像意识到了什么就马上问我：“你不会怪我

吧？”我一直认为同桌是我的铁哥们儿，他见证了我在学习和工作中的拼命。我那天特别别扭，和另一个哥们儿吃饭时跟他吐槽同桌重色轻友，哥们儿稍微愣了一下，然后说：“对不起，我也没选你……”我的表情当时就凝固了。

丽珊老师，我不知道平时那么好的哥们儿为什么在关键时刻不给我投票？更令我不解的是他们为什么那么坦然地告诉我呢？是存心给我难堪吗？还是有什么别的目的，我的“三观”全面坍塌。

张雅文

丽珊老师答疑

亲爱的雅文：

怎么衡量朋友间的友情？肯定是在关键时刻力挺才对。什么是关键时刻呢？如果你的安全受到威胁而朋友袖手旁观，则说明他们的确不算朋友；如果你遇到烦心事想和他们倾诉，他们没有特别急迫的事情，却不愿意倾听，则不能算朋友。但选举“三好生”则完全不同，每位同学都会根据自己对“三好生”的解读来选举最符合标准的。在他们的心目中，你是好哥们儿，但不符合市级“三好生”的标准，我觉得他们既有原则，又很坦诚，不是薄情寡义或违心做事的人。

雅文，为什么和你最亲近的两个哥们儿没有给你投票呢？我觉得你在他们面前展示的“随和”和“八卦”暴露了你最真实的底牌。曾经有一位企业的部门经理在民意测评中得分最低，被末位淘汰了。他不明白为什么另一位部门经理天天绷着脸，部门员工私下都怕他、躲着他，但在民意测评时大家给他投赞成票；而他天天和员工嘻嘻哈哈，称兄道弟，一片和谐，但在测评时大家不投他票。他百思不得其解，深陷负面情绪，患上抑郁症。我在咨询过程中发现，他在日常生活中，为了拉近和员工的距离，他和员工一起吐槽公司的规定，一起商量如何钻公司规定的空子……在特定的语境中，员工觉得这个领导平易近人，但冷静下来，员工会认为公司重用这样的领导会没有前途。雅文，听了这个案例之后，你能对号入座吗？我在学校里经常会接触到个别班委为了拉近与同学的关系，私下里嘲笑老师的“傻”，批驳学校规章制度的“弱”，甚至对“三好生”等正能量的评选表现出不屑一顾。结果可想而知了。和你接触少的同学看到的是你的职务行为，听到的是你经过思考说出的话；他们了解到的是你希望展示给别人的积极向上的一面，所以他们会投票给你。而和你接触多的哥们儿则见到最真实的你。我想再问你一个问题，你平时的言行符合市级“三好生”的标准吗？雅文，我觉得这次“三好生”评选对于你的人生都会起到很积极的作用。

雅文，我希望当你的负面情绪完全平复之后，分别和你的两个哥们儿推心置腹地谈谈，看看他们认为你哪些言行是与“三好生”称号不符合的，由此明确未来成长的方向。如果你敢于面对问题，虚心、用心地解决问题，我想你未来的人生将会更美好，拥有更好的加速度！

永远爱你的：丽珊老师

同伴导师轩哥观点

这么小的事儿不至于“三观”都崩塌，别人可能都没当回事儿。而且选举这事也有偶然因素，你要想胜出，仅拼“优秀”和“人缘儿”都是不全面的。从另外一个角度思考，你也应该庆幸，因为他们既然跟你说了这件事，证明他们不是那种表面跟你很好而暗中使绊子的人。但是我们也可以看出，你应该并没有跟你的朋友们明确表达出你希望成为“三好生”。我知道你想的是，这还用我跟他们说吗？他们看不出来吗？可是每个人都有自己的生活，不会把100%的重心放在你这里。所以这也为你提了一个醒，今后的人际交往之中，一定要清楚表达自己的诉求。另外，我觉得你应该重新审视一下你们之间的关系，你们到底是那种只能一起玩耍的“酒肉朋友”，还是可以交心的好哥们儿。虽然不能只通过一件事下结论，但也能提供一些参考。最后，这些其实不是什么大事，而是人际关系中很正常的事，不用为此过于纠结。

智慧点拨

对于青少年而言，朋友分为很多种：

一是玩伴，仅适合一起玩儿、一起聊八卦，并不关心彼此内心真正的诉求，这种交往会制造表面上人缘儿很好，呼朋唤友，却从不深入地了解彼此，更不会给对方心灵上的支持。这种模式的交流仅仅为了满足自己不孤独，却不会为对方付出什么。

二是同“学”，也就是学习的同盟者，他们在学习上互通信息，分享本阶段学习的感受，相互激励、相互帮助，以此达到双赢的效果。这种模式的交流着眼于学习成绩的提高，对学习以外的事情不太关心，可以得到浅层次的心灵支持。

三是挚友，朋友间相互关心人生的各个方面，比如对方的学习成绩水平、情绪状态、隐私等，他们还可以分享兴趣爱好、理想和人生规划等。他们之间会直言不讳地指出对方在某一方面现阶段存在的问题，并且督促对方彻底改变。

玩伴易得，挚友难觅。

【本章小结】

青春期是学习认识自我、读懂他人、选择朋友、学习维护友情的关键期。

青春期中的人际交往既可以给青少年带来安全感、归属感和幸福感，也会让他们陷入各种纠结和痛苦之中。人际交往是每个人都无法回避的，人一旦离群就会因为丧失存在感和价值感而陷入无尽的痛苦之中。人际交往，尤其朋辈交往是有技巧的，认真学习朋辈交往的方法，积极投身到人际交往中，你不仅会有幸福感，更可以快速成长。

如果把人与人关系的亲密度用一个数轴来代表的话，0是原点，正无穷代表关系十分密切，负无穷代表关系疏离、不友善，甚至恶意的程度。原点就是普通同学关系，彼此心存善意，但没有过多的交往，点头之交，举手之劳会帮助一下而已。许多同学，尤其是女生在彼此还缺乏基本了解的情况下就急急忙忙地把双方关系推向正无穷，双方如果过于亲密了，就会因为缺乏界限感而过度卷入，由此造成伤害在所难免，而关系一旦破裂就无法再回到原点，往往会朝着负无穷方向快速发展。因此，建议青春期的男孩女孩一定要牢记人际交往的关键：真诚、恪守界限。

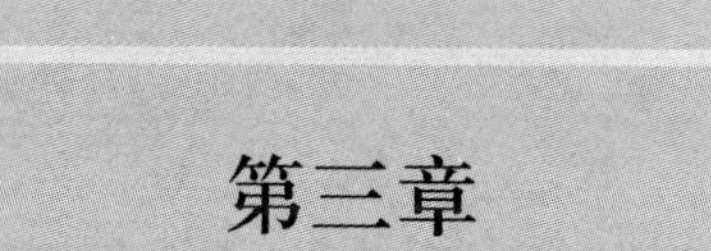

第三章
师生关系为何紧张

“老师为什么总看我不顺眼？”

“我是学生，每天到学校是为了学知识，不是哄老师高兴的。”

……

曾经的“一日为师，终身为父”变成了“猫和老鼠”，到底是哪里出了问题？

拒绝男生求爱，为什么班主任却不保护我

Q：拒绝男生求爱、被班上同学孤立、卷入恋爱风波、惹火班主任，这一切都如同噩梦一般纠缠着我。

A：校园里漂亮的女生如果希望找个“厉害”的男友保护，只能陷入边缘化状态，无意中成为老师的挑战者。用更阳光的方案保护自己吧！

丽珊老师：

我现在生活在灾难之中。我是外地来的转学生，尽管校园很大、很气派，但我总觉得自己好像一直被关在一个密不透风的瓷罐里，压抑得喘不过气来。在许多人的心目中，漂亮女孩占尽各种先机，走到哪儿都会收获众星捧月的感觉，但我从没有过。我从小到大被父母打扮得灰头土脸，千叮咛万嘱咐女生做人要规矩、要本分，躲男生远点儿。

开学不久，班里一些男生给我写来情书，我认为不理睬他们事情自然就会悄无声息地过去了。没想到，在我心目中班里最丑的男生陶思哲却没完没了，每天送情书、送早点，并且跟同学发誓他一定会让我答应做他的女朋友……一些同学开始拿我们俩起哄。开运动会时班里要排练一个艺术体操节目，节目需要一男一女，因为我曾练过艺术体操，女生自然就是我了，男生呢？同学们都推举陶思哲。我当时特别生气，认为同学们是在有

意制造绯闻，我没好气地说了一句：“咱班没男生了吗？怎么推举一个猴子？”陶思哲下课就哭了。他的哭打动了全班同学。丽珊老师，从那天晚上开始，陶思哲就给我发谩骂短信……我意识到自己做错事了，初来乍到，我不应该惹事儿，所以马上就跟他道歉，但他不依不饶，发展到在班里的QQ群里骂，令我震惊的是竟然没有一个同学站在我这边……我得了恐惧症，觉得全校同学都会把我看成他骂的那个样子。我百口莫辩，只能向班主任求助，班主任看了陶思哲给我发的短信之后就让我当面删除，说免得我家长看到着急。我认为班主任应该保护我，没想到他竟然告诉我不要把这件事过度放大，通过这件事思考一下自己是不是在人际交往中存在问题，把简单问题复杂化了。他还说，只要我不理陶思哲，过几天陶思哲把气儿撒完就没事儿了。

丽珊老师，我是寄宿生，在学校里举目无亲，我就给妈妈打电话说要回家，不敢再上学了。我妈意识到问题的严重性，就向班主任求助。班主任请来陶思哲的家长，让他在全班同学面前做检讨……但这件事并没有改善同学们对我的反感，陶思哲却成了同学和班主任心目中识大体、顾大局的人，班主任还让他做了纪律委员。陶思哲在班里大呼小叫，炫耀他很“社会”……几乎所有的男生都应和他，我却被同学孤立了。

丽珊老师，我痛恨陶思哲，后来看到他或听到他的声音都会干呕。恰在这时，一位高一男生追我，他很帅、很酷，因为打架而全校闻名，但他对我百依百顺。我觉得他出现得太及时了，在学校里，我需要有个关心、保护我的人。男友知道陶思哲曾经伤害过我，晚自习就以给我讲题为名进了我班教室，陶思哲让我男友出去，两个人撕扯起来后，几乎全班的男生都上手暴打了我男友。我特别感动，在学校“叱咤风云”的男友为了我竟然被低年级男生打得那么惨。班主任对我大发雷霆，说我不自重，破坏班级秩序，并跟我家长说做好转学的准备……

丽珊老师，我特别不明白，自己刚进校时是低眉顺眼的乖乖女，被陶思哲大肆谩骂时我求助无门，只能靠交男友来保护自己，却又闯了祸，我不知道自己到底错在哪里了。

周香儿

丽珊老师答疑

亲爱的香儿：

整个事件中的人物情绪和情感都是正常的。要想解开纠结，我先逐一分析。

首先说陶思哲，每个人都有爱的权利，他喜欢你，追求你本是正常的，你可以拒绝，但不可以不尊重。拒绝求爱之后双方关系会比较敏感，他喜欢你这件事全班同学都知道，同学静观你们之间的关系演变，你的嘲讽让他无地自容。他的谩骂从另一个侧面说明你对他的伤害有多大。他肯在全班同学面前向你道歉，配合了班主任的工作。班主任让他做纪律委员有两层意思：一是给他自豪感，避免他自暴自弃；二是用职务约束他的纪律。他在班里的招摇在一定程度上是为了“恢复人气”，增强自己在班里“活下去”的勇气。

其次说说你们班的同学，你的漂亮本来就会让你和女生之间的关系有点儿微妙，如果你的情商高，善于示弱，让大家觉得你人很好，自然会消除“嫉妒”。你当时对陶思哲的嘲讽不仅伤了他的自尊心，也断绝了其他男生对你的一切美好想象，他们才不做第二个倒霉蛋。“谩骂事件”后你向老师报告、不上学、家长介入都会给同学留下你“不会办事儿”的印象，大家躲着你是很正常的。你的男友进班示威践踏了你们全班同学的尊严。与其说他是和陶思哲打架，不如说他是对你们全班同学的宣战，在当时的形势下，哪个男生不打他就会被同学看成班级的“内奸”。

最后我们分析一下班主任。漂亮女生经常会有意或无意“惹事”，班主任会比较关注你的动态。“谩骂事件”后你向班主任求助，甚至因为怕陶思哲而不敢来学校，班主任担心这件事造成你辍学，为了控制事态的发展，让你回归学校，请陶思哲家长，要求陶思哲当众道歉……当时他觉得你比较“胆小”。而恰恰这个“胆小”的女生不但成了以打架闻名全校的高中男生的女友，而且还招摇地把他带到班里“震慑”同学，前后巨大的反差让班主任觉得你之前是装的，而他则被你愚弄了、利用了。想想这是怎样的心理感受？

香儿，我的分析可能完全出乎你的想象，对吗？但你用心体会，我分析得对吗？是你的不当行为伤害了同学和班主任的感情。如果你想改善心理环境，就必须先改变你的观念，主动找班主任承认错误，求得班主任的体谅，然后向班主任请教在现在的局势下如何才能获得同学的原谅，改善自己在同学心目中的形象。

永远爱你的：丽珊老师

同伴导师轩哥观点

导致当下局面的根本原因是什么呢？我认为是你没有拒绝陶思哲对你的追求。假如你一开始面对他的追求，轻描淡写地说几句我觉得你很好，可是我现在主要心思在学习上，等我们考上理想的大学再来讨论这件事好吗？我觉得事情就不会变成这样了。班主任在很多情况下很谨慎，而你的行为一直在给班主任找事儿。男生追女生这种事无法避免，而女生的处理办法就是这件事麻烦不麻烦的关键所在。所以在这种时刻，你应该主动找班主任沟通，做出积极配合班主任解决问题的态度，班主任才能站在你这边，帮助你一起面对。

我觉得与同学相处，要将自己摆在一个与他人平等的地位，既不要看不起别人，觉得别人都不如自己；也不要自卑地将自己摆在一个谁都不如的地位。像你这种情况，既没有跟人家说清楚，又对人家进行了人身攻击，风评肯定会对你不利。如果平时对同学很真诚，让大家觉得你是一个很好相处的人，也许就不会出现被大家“群起攻之”的局面了。一个人不可能喜欢所有人，也不可能被所有人喜欢，如果有几个有共同语言的“死党”“闺密”，就会让自己摆脱被孤立的局面。三条腿的蛤蟆不好找，两条腿的朋友到处都是，加油！

智慧点拨

所有的中学班主任都有切身体会，班里男生乱，只乱他自己；女生乱，则可能会裹挟进一群男生一起乱。要想带出优秀班集体，班主任必须对一些女生密切关注。

什么样的女生容易引起班主任的特别关注呢？

1.外在形象好的女生，所谓树欲静而风不止，她们会吸引男生；

2.规则意识淡薄，行为举止尺度大的女生，无论外形如何，她们都会带动男生捣乱；

3.社会青年或问题男生的女友。

女生如何避免给班主任留下不良印象呢？

1.树立规则意识，严格遵守学校的各项规章制度；

2.和男生交往有界限感，不乱说乱动；

3.洁身自好，不和有行为问题的男生交往过密。

面对自己看不惯的班主任，怎么做才对

Q：班主任的许多行为和做法我很看不惯，因为这个我对他上的数学课也深深厌恶了，我知道这样不好，该怎么办呢？

A：师生矛盾中，有骨气的学生会把该老师任教学科学得棒棒的，让老师无法指摘自己，而没有骨气的学生则会给自己制造一门弱势学科。

丽珊老师：

我是一个性格开朗、能言善辩的男生，最近一段时间却总是郁郁寡欢，觉得上学没有意思、其他一切都没有意思，情绪总处于波动之中，随时随地都可能发脾气。最让我心烦的是数学课，我由“数学小王子”已经沦陷为彻底的“数学小学渣”。我坚信自己和数学老师马老师（同时兼我们班的班主任）是严重的“八字不合”。

丽珊老师，我特别怀念初一、初二时的班主任冯老师，同是男班主任，但给学生的感受完全不一样。冯老师年轻、活泼，像个大哥哥，相比较而言和男生关系更亲一些，我们一起踢毽子、打篮球，教室里经常传出师生快乐的笑声。初三的班主任马老师，胖墩墩的，虽然一脸和善，但学生都离他远远的。据说马老师常年驻守在初三年级，他所带的班的数学中考成绩在区里总是名列前茅，但我就是不适应他絮絮叨叨的上课风格，害得我一上数学课就犯困，成绩一落千丈，现在已经发展到一听数学课就浑身难受的地步。

丽珊老师，最让我反感的是马老师对学校活动的消极态度。初三刚开学，学校组织辩论赛，全年级各个班都热火朝天地海选、晋级，推荐出最强的两名学生参加年级的淘汰赛。我在年级认识的人多，又能言善辩，因此我胸有成竹，觉得为班级拿回好名次是板上钉钉的事情。我跃跃欲试，但马老师岿然不动，直到报名截止那天，才在班里发动自愿报名，午休时把6个报名的同学叫到办公室，“你挺不错”“你也挺棒的”……这种评价和没评价一样，至于如何选拔两个人参赛，我建议让全班同学投票，两位学霸则说没有必要打扰同学们学习，抓阄最快捷、最公平。这也太没有技术含量了吧？但班主任恰恰采纳了这个建议，结果两个菜鸟抓中了，他们第一轮就被淘汰了。年级里认识我的同学都问我为什么不参赛，我能说什么？在马老师心目中学霸所说的一切都是有价值的，学渣是人微言轻。

丽珊老师，我这人就是太仗义，看不惯马老师看人下菜碟。第一次月考前的音乐课，全班15个同学逃课，有几个女生躲到食堂写作业，男生在操场上打篮球。音乐老师十分生气，把班主任叫到音乐教室处理问题。马老师笑眯眯地肯定女生刻苦学习是对的，但无论如何都不应该逃课，艺术教育对女生优雅气质的养成十分重要……对男生则狠狠地说如果再逃课就严惩。同样是逃课，马老师的态度却是截然相反。谁让人家几个女生成绩好呢？

丽珊老师，从理智上，我心里清楚无论自己多反感马老师，都不能表现出来，如果引起他的歧视就更麻烦了；但行动上，我就是不爱听数学课，不喜欢写数学作业，我该怎么办呢？

刘恩利

丽珊老师答疑

亲爱的恩利：

你所有的负面情绪都来自对马老师一切行为的主观诠释："一白遮百丑。"只要成绩好，一切就可以得到老师的认同，作为学习成绩不太好的学生，只剩下愤懑的份儿了。但我不这么认为。

班主任大体分为三种类型：一是只注重学习的，他们的一切班级活动都围绕学习展开，而对学校组织的各种与德育相关的活动则不太积极，这类老师往往是主科老师，并且教学水平不错；二是只注重德育活动的，他们是德育处的忠实追随者，只要有活动一定积极组织参加，并且对于荣誉也是志在必得，这类老师往往是副科老师；还有一类班主任属于无欲无求的。马老师作为多年初三的把关教师，又精于数学教学的研究，所以对学校组织的各种活动既不积极也没有经验。学校组织辩论会的确能带动学生的青春激情，如果班主任轰轰烈烈地组织海选，的确会有很多同学积极参与，但势必会打乱专注学习的班级气氛，马老师采取低调的处理方案，最后进行一次自我推荐也是有道理的，毕竟中考才是硬道理。

恩利，我一直认为男班主任是特别难当的，他们不能像女老师一样严厉地批评女生，担心伤了女生的面子。我认为马老师是一位比较儒雅的男老师，他认为男生皮实，能担当，希望通过严格地规范男生来让女生知道规则，自觉遵守，而不愿意当面锣对面鼓地训斥女生。不可否认，个别女生会把男老师的尊重当成可以钻的空子。同为男性，你要多体谅马老师的难处，凡事你都自觉地遵守纪律，我想也就不会出现被批评的局面了。

恩利，你已经是大小伙子了，并且属于人缘儿比较好的大小伙子，要多多体谅老师，让自己的情绪稳定，这样才能努力学习数学，不然最终将数学变成了弱势学科，那就太可惜了。

永远爱你的：丽珊老师

同伴导师轩哥观点

轩哥先给你讲一段自己的经历吧。我上初二时，一开始物理成绩相当优秀，跟物理老师的关系也很好，后来她成了我们的班主任，她的一些做法也渐渐使我不满。有一次，班里很多人都不好好听课，而我也在下面写其他科目的作业，她突然就怒了，把我的作业本撕了，让我在教室前面站着，这件事使我跟她的关系彻底破裂。此后，我每次看到物理题就会想起她歇斯底里的样子，这使我的物理成绩一落千丈，直至中考也考得有失水准。后来我也反思过，为什么那件事她会针对我？升入高中之后我想明白了，首先我跟她关系不错，她认为我应该永远无条件支持她；其次我是男生，大部分老师都会照顾女生的面子，所以女生被罚的也比较少，而且她会觉得我们之间有感情基础，未来修复的可能性更大。为了这件事与老师闹翻，想想也真是挺傻的。

“吃一堑，长一智”，高二时有位老师说话、做事有些过分，同学们都特别不喜欢她，我也不例外。但这次我改策略了，我把这位老师所教的学科学得棒棒的，每次都是名列前茅，虽然她不喜欢我，但拿我也没办法。有了初中时的教训，这次师生关系不和睦不仅没有影响我的学习，反而使我更加上进。

关于辩论赛，有的老师尤其是初三毕业班的老师就是只注重学习不注重活动，这也很正常。在高中，参加辩论赛之类的机会很多，尤其是重点高中，而你能圆梦的唯一途径就是进入一所重点高中。为了证明自己，为了更加丰富多彩的校园活动，让我们好好学习吧，就从数学开始，重振“数学小王子”的雄风！加油！

智慧点拨

弱势学科是怎样形成的?

如果探究就会发现学生可能是某个学段和该学科的老师相处不和睦，因为不喜欢老师而不喜欢上他的课，不愿意完成该学科的作业，很快测验成绩就会下滑，被老师批评，于是更讨厌这个老师，找各种理由不上这个学科的课程，这样一个学期就可以“炼”成一门弱势学科。当你痛定思痛，或是弃暗投明，想把弱势学科补上时却心有余而力不足，每天晚上写作业之前都想好了，快快把其他学科作业写完，然后用整段时间好好学习弱势学科，只是等把其他学科作业完成，就已经困得不行，弱势学科就被抛弃……日复一日，等到毕业时，这门学科的分数就成为彻底的短板，并且更让人心碎的是，决定你大考分数档的不是强势学科而是弱势学科。所以，要杜绝出现弱势学科。

我是不是班主任心目中的“笨大姐”

Q：学习成绩下滑至倒数第一，我焦虑无比，班主任和父母竟然完全不理解我的痛苦。

A：说出自己的苦闷，请求正能量的关怀，再去找到合适的学习方法。

丽珊老师：

我从小学就听老师们把学习成绩差的女生称为“笨大姐”，从他们的语气中能够感受到他们认为男生在大考中会有爆发力，就算平时成绩差点儿也没有关系，而女生一旦成绩差则很难咸鱼翻身。为了避免成为“笨大姐”，我一直不待扬鞭自奋蹄，初一的第一学期我曾经考过班里第一。可之后成绩一直下滑，进入初三就成了名副其实的“笨大姐”了。

升入初三以来，我的成绩就持续下滑，第二学期已经稳定在倒数第一了。我和父母都难以接受这个事实，毕竟我在初一时曾考过班里第一。父母怀疑我早恋或沾染了什么坏毛病，各种威逼利诱……我开始还耐心地跟他们解释，后来只要他们再说这种话题，我就大声叫停他们的猜测。

班主任将我调到讲台旁的单座，时时刻刻被老师监视太难受了，我甚至想过不再去学校，但转念一想，单座也不错，至少能够消除很多的尴尬。同学们都希望和学习好的同学同桌，可我这成绩谁愿意和我同桌呢？

况且和同学坐一起难免要比成绩，那简直太虐心了，自己一个人倒是心里清净。

前几天，我忘了带练习册，班主任在课堂上大发雷霆，说我太让她伤心了，后悔当初没有劝我休学，班主任越说越气，竟说我毁了她辛苦三年带个好班的梦想……我开始十分自责和内疚，后来委屈极了，真想一头撞死算了。幸亏几位同学抗议班主任耽误大家时间，才算把这场“口诛笔伐”叫停。我现在考试时无法集中注意力，成绩一塌糊涂，而一个人在家时这些题都是能做出来的。一对一家教老师都鼓励我，只要考试时把会的都做对就能考95分以上……我觉得这种安慰的话根本没有任何意义。但没有一个人能够告诉我如何才能把会的做对。我觉得自己付出的比别人多，父母在经费上也付出了很多，现在却成了这个样子。丽珊老师，我不甘心呀，但又不知道应该如何做。

杨翘楚

丽珊老师答疑

亲爱的翘楚：

丽珊老师能够体会你的心情，初一时你曾经是班里第一，你肯定对自己的未来有美好的憧憬。可升入初三成绩持续下滑，甚至成了倒数第一。你是一个能体谅父母内心感受的好孩子，尽管学习让你觉得无望了，但你仍然在努力。

翘楚，你承受着这么大的压力，却由于疏于与父母、班主任表达，导致父母猜测你早恋或沾染坏毛病，班主任认为你不够自觉而让你坐到讲台旁边，在你偶犯小错时难以控制自己的负面情绪……面对大考，班主任也同样承受着巨大的业绩压力。而你的班主任对你不离不弃，带着你和大家一起参加中考。她希望你能珍惜这种信任和机会，但她没有看到效果，所以恨铁不成钢，怒斥你，认为你应该紧跟老师的节奏，完成老师的各种作业。

翘楚，丽珊老师给你的第一份作业就是马上找班主任沟通，敞开心扉，将自己内心的苦闷讲出来，并且态度坚决、语气温和地告诉班主任："中考关乎我的前途和命运，我比谁都着急，老师们都在鼓励我却没有给我具体的行动方案，我只能自己摸索。我现在已经很焦虑了，请给我正能量！给我有针对性的方法吧！"

翘楚，家教老师不了解学生在学校课堂上的表现，只是根据学生以往成绩进行宏观推测，你曾经考过班级第一，说明你的学习习惯、学习能力和书写整齐等没有问题，所以家教老师对你的定义是有脑子能学好，只是考试不认真、不在状态，完全忽略了你内心承受的压力。翘楚，你认知水平高，对不符合逻辑的鼓励持怀疑甚至厌恶的态度也是正常的。

丽珊老师给你的第二份作业是，你要改变与家教老师的互动方式，由被动地做题转变成请家教老师帮助梳理一遍知识点。如果知识点没有问题，你的自信心自然会提高；如果发现知识点掌握有遗漏，家教老师的复习也就有的放矢了。

翘楚，现在还有一个压力来自父母对你成绩下滑的不理解，很难给你有效的支持。你要将自己内心真实的感受讲给父母听，让他们对你的心理状态有所了解，这既能让你们三个人劲儿往一处使，又能让他们对你的中考成绩有个明确的预估。只有你们三个人拧成一股绳，才能顺利迎战中考。

永远爱你的：丽珊老师

同伴导师轩哥观点

你已经陷入了一个恶性循环，考试时越想考好就越考不好。其实很多学生都曾进入这种循环。当你特别想专注于一件事时，反而不能集中注意力。你现在处于初三下学期，知识掌握上，我认为你已经趋于完善，接下来就是要调整好自己的情绪和心态。我初中时每天都去游泳，初三下学期时也是，效果很好，心情会很舒畅。运动是放松自己的一个好办法，你可以每天放学后都去慢跑，跑多少无所谓，只要自己舒服就好。再听一些舒缓的音乐，释放一下压力。如果还是觉得不爽，就选自己喜欢的歌，大声唱出来，我觉得这都是不错的解压办法。

学习时不要给自己规定太过刻板的时间安排，只要感觉学累了，就站起身来，吃吃水果，喝喝水，玩一会儿再继续学习。要将心中的压力说给父母听，让他们不要再给你施压了，如果此时能让他们帮你找一位了解学生的心理咨询师，那将是解决问题的一个高效方案。

智慧点拨

一些学生在学习上遇到困难、成绩下滑后，不但不去找任课老师求助，反而退避三舍，猜测老师只喜欢学习成绩好的学生，学习成绩下降的学生都会被老师贴上标签："不和老师配合""肯定有分心的事儿"……而向老师求助就是"自投罗网"。其实越是学习上遇到困难就越应该多与老师沟通，避免被老师误会。任课老师对学生的课堂表现、学习习惯等都是比较熟悉的，所以跟老师作一次交流可能就会马上找到自己的症结，向克服困难、解决问题迈出坚实的一步。

外表很狂野，内心很敏感，最容易被老师误会

Q：不知道为什么老师和同学们都把我当作“没皮没脸”的人，老师常常误会我，同学们也常拿我寻开心。

A：重塑自己的形象，严格规范自己的言行，在哪里跌倒就在哪里爬起来。

丽珊老师：

我觉得一切都被中考扰乱了。我原本是个快乐的女生，尽管在学习上不是特别努力，但成绩还说得过去。升入初三，我好像变笨了，每天学习的时间明显延长了，但成绩仍然一路下滑。我内心充满了焦躁，不知道为什么周围同学的成绩都在进步。我不好意思向同学求教，只能硬撑着，依然大大咧咧，乐乐呵呵。我就不明白了，为了学习把自己弄得苦巴巴的图什么呀！同学都叫我“心大姐”。初三开学验收考时，我成绩不理想，任课老师还找我谈话，指出问题，提出要求。现在老师对我的学习再也不关心了，对我的态度也越来越恶劣。某次上课时，老师在写板书，有同学说笑话逗乐，同学们爆笑，老师转过身子追问是谁干的，同学们嘻嘻哈哈地说“杨梓菲”，老师完全相信，并甩出诸如“成绩都这样却不知道着急”之类的话。丽珊老师，我特别伤心，为什么老师轻信同学对我的污蔑呢？

还有一次课间，我和同学从厕所出来回班，楼道里突然冲出来一个人，同行的女生受惊吓尖叫一声。进了教室，班主任厌恶地对我说："一个初三女生，在楼道里大喊大叫，真不注意自己的形象……"我有口难辩，不能出卖同学，只能接着背黑锅……

丽珊老师，处理不好与老师的关系也就罢了，现在同学也经常拿我寻开心，我向同学问问题，同学却说："'心大姐'也做题？"唉，我都烦死了，难道他们认为我真的没心没肺到根本不在意成绩吗？我也有过辉煌的过去，曾在年级考过前80名。我不知道为什么如今在大家心目中成了"没皮没脸"的人。我天天在学校戴着"嘻嘻哈哈"的面具，回到家就找各种理由和妈妈吵架。每次吵架时，我心里都清楚，不是妈妈惹了我，而是我内心太压抑了。丽珊老师，我已经给妈妈下了最后通牒，如果想让我今年中考，就马上给我报校外教育机构的全日制冲刺班，我再也不去学校了。可妈妈根本不同意，我该如何走出困境呢？

杨梓菲

丽珊老师答疑

亲爱的梓菲：

初三验收考没有考好对你来讲有点儿不爽，毕竟你虽然不太努力但成绩说得过去，你可能自诩属于那种比较聪明的学生。为此，你表面大大咧咧，乐乐呵呵，暗地却延长学习时间，你想在神不知鬼不觉中把成绩提升到原来的位置。你的这种障眼法是不是误导周围同学暂且不提，而你确实成为所有毕业班老师心目中的"瘟疫"，他们必须打压这种歪风邪气，不然一旦在班里蔓延开就会极大地动摇军心，破坏整个班的学习氛围。梓菲，你知道什么叫破鼓万人捶吗？既然是破鼓，多捶一下少捶一下都无所谓。而你的内心承受得了吗？

梓菲，我完全理解你不想再进班上课，希望通过在校外教育机构努力拼搏，力争在中考时考出好成绩，一雪前耻的内心诉求，但这不科学。我接待过一些在大考前去校外教育机构冲刺的学生，他们在大考中几乎没有获得成功的。

究其原因，一是带着从班集体落寞离开的心理痛点，无论到什么时候想起没有和同学们一起冲刺中考都是人生的缺憾；二是校外教育机构的老师对学生的整体情况不太了解，很难保证效果。

曾经有一位市重点学校初三女生，因为成绩差，纪律不好，临近中考还撺掇同学玩儿，成了老师眼中的害群之马。班主任给她家长分析情况，她的基础知识太薄弱，复习重点是夯实基础知识，而学校的复习进度早已经过了这个阶段，现阶段是提高学生解决大综合题的能力，她在学校上课根本听不懂，无疑是浪费时间。家长觉得老师言之有理，就给孩子在校外教育机构报了冲刺班，花了很多钱，而中考仅仅考了300多分（总分是590），比她在学校里任何一次考试分数都低。家长暴跳如雷，把她带到我这里，孩子告诉我在校外教育机构的20多天是她人生最幸福的时光，这里的老师得求着学生，她可以戏耍老师，让老师反复讲一个内容等；三是缺乏同学并肩作战的气氛。在学校里，和同学们步调一致，看着空白的卷子越来越少，写完的卷子越来越多，无疑有一种成就感，每天都过得分秒必争。校外教育机构里是不会有这种气氛的。况且学校老师参加市级、区级教研，给学生复习时还是很有方向性的。

梓菲，我们常说在哪里跌倒就在哪里爬起来，就是因为不能给自己和他人留下永远爬不起来的印象。你如果此时不去学校就是落荒而逃了，完全颠覆了你曾经希望树立的那种不怎么努力能考个好成绩的形象。你现在首先要改善自己在同学和老师心目中的形象，严格规范言行，扭转不严肃、不严谨、不上进的形象，然后抓紧时间和班主任进行真诚的沟通，把自己的无助向老师倾诉一下，并恳请老师给予帮助。

永远爱你的：丽珊老师

同伴导师轩哥观点

初三不仅要学习新知识，复习之前所学旧知识，还有升学的各种压力。每个人压力都很大，而你成为同学们释放压力的工具，的确有点儿不幸。我能看出来你跟我一样，是个脾气好、很宽容的人。但是这种宽容使同学们认为你“没心没肺”，不会伤心、不会生气，他们就会做出一些过分的事，其实也是无心伤害你。我觉得你应该告诉大家，你有原则、有底线，你可以在他们嘲笑你时冷静地表现出很不高兴的样子，告诉他们你很在意成绩，也在努力学习，希望他们不要再这么不尊重你。

你找一个时间去班主任的办公室跟她谈谈，班主任并不会针对某个同学，我想只要让她知道你的上进心和努力，她的态度不仅不会恶劣，还会帮助你，你们的关系也会变得亲近，同时她会帮你制止恶意嘲笑你的同学。逃避不是办法，学校系统的复习比校外机构有用得多，而且与大家一起备考的氛围也很重要，所以好好学吧！

智慧点拨

一些学生不良的自我形象就是因为不小心犯错、被误解、没有意识到问题的严重性、没有及时改正而被人确认和强化的。因此，无论在什么环境中树立积极、健康、向上的形象都是至关重要的。面对困难和挫折，合理示弱，寻求帮助，走出困境是明智的，而一味逃避只能使事情朝着与自己的期待相反的方向推进。

我是班长，和班主任的关系却越来越僵

Q：不是我一个人有错，班主任的惩罚却只针对我，我觉得他做得不公平。

A：班长本来是班主任的助手，你却为了一己之私成了班主任的挑战者，你能体谅班主任内心的痛苦吗？

丽珊老师：

我最近遭遇了严重的师生关系危机。

上周一学生会组织的班长例会上，主席通知周二午自习时举行学生会纳新说明会，要求各班班长积极发动更多同学自愿参加。因为想进学生会，我考虑过后，便通知班上的同学周二中午到报告厅开会。结果，周二只有我们全班参加，其他班只有三五个人。此时，班里绝大多数男生看到会场情况后就去踢足球了，搅乱了学校午自习的秩序……德育处点名批评了我们班，班主任回班调查后，说我“误传”通知，并当众批评了我。“尽心尽力为学生会工作有错吗？”我心里不服，便当着全班同学的面和班主任辩论起来，结果被停职。

晚上回家，我越想越气，如果不是班长了，就不可能进学生会了。班主任的小题大做断送了我的计划。于是，冲动之下，我索性在贴吧发了个

骂班主任的帖子。一石激起千层浪，同学们纷纷跟帖，有人骂班主任教学水平不高，课讲得不清楚；有人骂班主任分不清主次；有人说他情绪不稳定，莫名其妙地发脾气……这个帖子成了热帖，并被置顶了。

周三早上，班主任进班就说别让一粒老鼠屎坏了整锅汤，把我换到教室最后的独桌。我忍了一天，回家上网继续在贴吧上骂，有同学们的跟帖我越发觉得自己委屈。周四，班主任竟然将我父亲请到了办公室，我父亲是个性格比较容易激动的人，他一到教师办公室便和班主任理论起来："青春期的孩子就是逆反，脾气暴躁，我们在家从不惹她，就算她偶尔无理取闹，我们都忍着，青春期孩子不正常，咱不能不正常呀，成年人怎么能和孩子一般见识呢？"……

班主任在班里发飙的情景让我现在回想起来还心有余悸。"有什么样的家长就有什么样的孩子，我知道为什么咱们班有的学生那么刁蛮了……"丽珊老师，我们班主任是不是太不公平了？为什么其他男生踢足球却让我停职？为什么大家都在网上骂他，却只将我调到独桌？为什么只请我的家长？折磨我也就罢了，为什么还指责我父亲？

李思竹

丽珊老师答疑

亲爱的思竹：

想想看，是什么使这件小事发展成大事呢？你的心机不但同学没有发现，甚至到现在为止班主任都没有识破。你的诉求是进入学生会，与其说你"误传"通知不如说你"存心篡改"。如果网络上那些支持你的同学知道这个真相，他们还会力挺你吗？如果你仅仅是"误传"，那么就不会在老师调查事情的来龙去脉时，反应如此过度；如果你心态平和地回应班主任的质问，也就不会有后面的停职；就算是被停职了，如果你不是认定没有了班长的头衔就无法进入学生会，也就不会那么愤怒，不会在网络上煽动大家骂班主任；如果同学知道是被你利用了，真正挨骂的就不是班主任了。你是因为自己的精心策划没有得逞而“恼羞成怒”。

思竹，千万别想什么公平不公平的，你这么骂班主任，对他公平吗？你蒙蔽同学，对他们公平吗？“解铃还须系铃人”，你现在的任务是平复所有的事情。

思竹，看到你和班主任之间有矛盾，那些力挺你的同学真的是为你主持“正义”吗？你也清楚这些同学其实之前就对班主任有各种不满，只是他们自己不挑这个头儿，现在有你“扛旗”，人家就借助这个平台泄私愤而已。所以你要第一时间删除帖子。

思竹，你父亲的表现激怒班主任在我的意料之中，班主任请家长来的目的是商量如何家校合作制止孩子的过度行为，可你父亲是替你问责班主任。你现在应该让他知道他的做法不是在帮你，而是使你陷入更尴尬的境地。

思竹，去和班主任好好谈谈，承认自己做错的所有事情，并且将已经采取的措施告诉班主任。这样会给班主任带来安全感，慢慢平复你的攻击所带来的心理伤害。

永远爱你的：丽珊老师

同伴导师轩哥观点

班主任这么对你，是因为你极大地挑战了他的权威，如果当时就跟老师认个错，比如，“老师，我不该组织咱们全班去，都是我的责任，给您添麻烦了”，老师也许就不会跟你发脾气了，就像打太极，让他一拳打在棉花上。

家长夹在老师和孩子之间，遇到师生发生矛盾时一定要缓和矛盾。如果知道家长脾气暴躁，在去见老师之前，一定要提醒家长，别把事情越搞越僵。

作为学生干部，你最需要搞好同学关系，因为你毕竟也是学生，如果大家知道了你的假公济私，后果会很严重。假如你帮大家把事扛下来，反而会收获大家的钦佩。

在网上骂老师一点儿意义也没有，你不会伤害到除你之外的任何人，同学们跟着你骂会很爽，但是枪打出头鸟，只有你会倒霉，所以赶紧删了帖子吧。

智慧点拨

对于学生而言，教师是重要他人，对学生的社会化及人格形成具有重要影响。一个学生，如果能与老师和谐相处，在校期间则会获得更多的自信，会更热爱学校和学习。如果跟老师相处不和谐，则会变得自卑、敏感、多疑，从而衍生一系列问题。因此，作为学生，把握好与老师相处的方法、原则及尺度非常重要。

在现实生活中，处于青春期的学生经常会面临师生矛盾的困惑，原因在于中学生自我控制力比较弱，青春期的冲动性可能使自己如炸弹爆炸，一旦有些外因引发误会，发生矛盾冲突就在所难免。因此，建议中学生一定要学会遇事多一些思考，多一些责任意识，这样在事发后能有效解决问题，逐渐提高理智处理冲突的能力，也使自己能够更好地成长。

面对情绪化的班主任，我们该怎么办

Q：我的班主任喜怒无常，对学生十分严厉，在他的班里，我们每天都提心吊胆。

A：与情绪化的班主任相处不易，心理受伤的人特别容易伤人。尽量不激怒他，免受伤害。如果能给予体谅，退一步，海阔天空。

丽珊老师：

我每天上课都提心吊胆，生怕惹了我们班的班主任华老师。他教语文，大约50岁，原来一直没有做过班主任，听说因为评职称积累业绩所以开始做班主任。华老师的脾气特别让人捉摸不定，上课讲得好好的，突然就怒了，抱怨社会现实、人情冷暖，同学们都不敢出声。我们班最近几天的晚自习一直比较吵，隔壁班的班主任进我们教室，狠狠批了我们40分钟。华老师知道后，二话没说就进了隔壁班，声嘶力竭地骂隔壁班同学，我们在教室里都听得清清楚楚。两个班的同学见面都嬉笑“咱两不相欠”。

还有一件事也让同学们对华老师非常反感。“哈欠哥”在物理课即将下课时伸了一个懒腰，不经意出了点儿声音，物理老师认为他出怪音，搅乱课堂秩序，就把他交给班主任处理。华老师怒不可遏，直接让“哈欠哥”停课两周回家反省，任凭他一再解释那只是坐了一节课累了，伸个懒腰时发出的声音，不是存心捣乱。但华老师根本不听。“哈欠哥”在停课第四天时冲进教室，追打华老师，全班同学都愣了，看着华老师被打得跑出教室，大家才回过神来，劝阻“哈欠哥”。只是结局比较悲惨，“哈欠哥”不得不转学走了。

后来的“外卖”事件则让同学觉得华老师越来越苛刻。学校规定学生如果不在学校吃食堂，就必须回家吃饭，不许吃小商小贩的食物，避免食物中毒。规定归规定，还是有些同学从外面的一些品牌连锁店订餐。班里两个女生去校门口接外卖时被华老师发现，华老师直接让这两个“外卖妹”停课了。两个女生整整求了他两天才算恢复上课。这在别的班主任那里都不算事情，到了华老师这里都是严重问题。

丽珊老师，我们的班主任是不是心理有毛病呀？学校为什么安排这样的人做班主任呢？他给我们学生制造了多大的心理压力呀？

布子木

丽珊老师答疑

亲爱的子木：

你们班同学与情绪化的班主任相处的确不容易，但换个角度来看，华老师更不容易，甚至可以说他的职业生涯都比较不幸。我们不知道他在50岁之前不做班主任是个人问题还是学校安排问题，他错过了锻炼自己带班能力的最好年龄。如果工作不久就当班主任，因为和学生年龄差距小，和学生互动良好，了解学生的所思所想，便于班主任工作的推动。况且年轻班主任就算做班主任时有失误，领导、同事都可以理解，并给予支持和帮助。

华老师50岁了，同事的任何态度都会让他很敏感，由此他处于高压力状态。他希望能够顺顺利利地完成评聘职称需要的班主任年限，所以任何对他完成任务构成威胁的人和事都会造成他的高度警觉和行为过激。

“代教”事件是华老师陷入“被害模式”的典型事件。你们班自习课纪律混乱，已经影响到隔壁班了，隔壁班的班主任无论出于什么目的进班代替班主任教训你们都是对华老师的“挑战”，他认为这位同事的行为是对他治理班级能力的极大否定，如果传出去太没有面子了，所以他睚眦必报，以其人之道还治其人之身。这种情绪化的行为充分说明华老师对自己能否圆满地完成班主任任务缺乏信心。两位老师的行为都既不专业也不职业，尤其让学生笑话更是尴尬。

“哈欠哥”和“外卖妹”的处理都属于教育行为过度，一般有经验的班主任都不会这么做，对于新手上路的华老师来讲却是很正常的，只要学生的行为违反了学校的规定，他就会非常刻板地处理，没有任何弹性。

“哈欠哥”事件挑战了华老师作为班主任如何帮助科任老师管理学生的能力。既然物理老师投诉了，如果班主任不作为，会让物理老师觉得班主任不给力。华老师为了杀一儆百，对学生严惩不贷。如果他能俯下身段，问问周围有经验的班主任，肯定不需要如此严厉。因为这种处理方案会造成学生的厌学情绪。如果当初华老师耐心聆听“哈欠哥”的解释，然后让“哈欠哥”找物理老师说明情况并表示歉意，这个问题也就解决了。

“外卖妹”的事件是华老师防微杜渐，让学生严格执行学校各项规定，但缺乏弹性。因为缺乏做班主任的经验，所以他不知道哪些规定是可以弹性处理的，哪些是红线是不能触碰的。幸好“外卖妹”的情商高，赔礼道歉让她们重获上课的机会。

子木，心理上受伤的人特别容易伤人，我给你充分地分析了班主任的心理状态，你和你的同学就不要去激怒他、伤害他，由此避免被他伤害。

心地善良的人会在别人尴尬焦虑的时候给予默默的体谅和支持，退一步，海阔天空。

永远爱你的：丽珊老师

同伴导师轩哥观点

这位老师情绪管理极度不好，50岁的年龄还动不动就抱怨社会，从而影响学生的生活与学习。这位老师也不懂得变通，他想通过严加治理的方式，让自己所带的班在年级中脱颖而出，从而向校领导证明自己的能力，却不知道教育是需要大智慧的。隔壁班的班主任训你们，他觉得是针对他的，自尊心受到伤害，所以他就骂回去了。

“哈欠哥”和“外卖妹”都是违反了学校规定，他这么做既想杀鸡给猴看，也想让学校知道他多么遵守校规校纪。所以你们不应该与他正面交锋，导致他向你们“撒气”，也不要违反什么规定给他创造“发飙”的机会。当然，我们是学生，不是保姆，没有必要全身心地投入照顾他情绪的任务中来。如果实在过分，我们可以用全班写联名信的办法向学校提出来，只要你们有理有据，学校会考虑你们的意见的。

智慧点拨

如果一个人善于观察，从别人的得失中收获间接经验，就会让自己规避许多人生的尴尬；如果仅仅停留在对别人不当行为指手画脚，则不但不会成长，反而会受到伤害。华老师不太如意的现状告诉我们一个道理：趁着年轻多学习、多付出、多积累经验。人生有许多事情是绕不过去的，越是想回避困难，就越有可能放大困难，不但减缓了成长的速度，而且还破坏了自己的人生体验，成为周围人心目中的“垃圾人”，难以收获幸福的内心感受。

【本章小结】

师源性压力直接威胁学生的心理健康。面对越来越多的孩子出现心理问题，人们开始将指责的目光投向老师，却忽略了在师生互动中，老师是被动应对的一方。孩子上小学时，父母往往用“告诉老师”来震慑孩子，在孩子心目中老师的话就是金科玉律，在树立老师权威的同时也拉大了师生间的心理距离；进入青春期，孩子在逆反父母的同时也把对成年人的成见投射到老师身上，认为老师都是把学生当作自己提高教学业绩的工具，经常出现“说者无意，听者有心”的现象，误解甚至扭曲了老师的本意，由此造成师生间负面情绪的互动。

老师是学生心理的重要他人，和谐的师生关系离不开学生的努力。面对自己的老师，应以尊重为心理基础，接纳老师的职业角色，大胆、真诚、善意地与老师交流。用青春的活力、上进的思想、真诚的微笑与老师一道在学海中乘风破浪，在收获知识的同时感受生命的成长。

第四章
谈谈初恋这件小事

青春期的爱情总是令人神往，但如果身陷其中又会有各种各样的困惑。

“我向往怦然心动的感觉，却无法接受再也不能和其他异性交流的局面。为了一片树叶真的要失去整片树林吗？”

“身边有个漂亮的女朋友在哥们儿面前很有面子，但他们哪里知道每次争吵后我烦躁不安的感觉。青春期恋情都这么让人心塞吗？”

“自从恋爱之后，老师每次说到把精力用在学习上，我都不由自主地认为是影射我，为了爱情而影响学习值得吗？由此破坏自己和老师之间的关系值得吗？”

爱情和学习能两全吗？爱情和友情能两全吗？爱情和自我形象能两全吗？

那个让我心乱的男生真的对我有意吗

Q：他总是有意无意向我示好，我不想恋爱，更怕影响学习，这真是一种煎熬。我希望他在我的世界里消失。

A：男生对女生的好奇保鲜期很短，他没有表白，也许对你的兴趣早已转移。不必过于紧张，当前的任务应该是放下。

丽珊老师：

我是一个比较保守的女生，学习成绩一直很优秀，虽然有时会幻想一下未来的男朋友，和男同学交流有时会有一丝朦胧感，但从来都没有想过和哪个男同学发展爱情。从小到大，我都与男生保持着自然适度的交往，见了面会热情地打招呼，有时向他们请教问题，关系十分融洽。

高一时，班里一位个子比较高的男生曹铮经常打趣我太高了，以后不好找男朋友，我听后也是一笑置之。但有一天，听到曹铮跟周围同学说他喜欢我时，我十分惊慌。

在文理分科前夕，我突然听到曹铮跟同学在聊天，他说要选文科，还要跟我考同一所大学，此外还聊了很多男女之间的事情。听到这些，我表面上很平静，但内心翻江倒海，没有办法专心学习了。我总是回想他和同学所说所做的一切，觉得每一件事都别有“寓意”，并由此被吓出了一身冷汗。紧张之中，我把这件事情告诉了闺密，闺密认为这些都不是事儿，根本没必要在意。我也这样安慰自己，可是真的做不到。那段时间，我学习时总会走神，根本没法静下心来。期末考试时，我的成绩下降了将近100名。

高二分科后，我选择了文科，曹铮选了理科。文科楼和理科楼距离比较远，分科后我们从来没有见过面，我暂时把这件事情抛到了脑后，期中考试成绩也回升到原来的状态。但之后的一件事情又打破了短暂的平静，一次，我在食堂吃饭时碰到了曹铮，两人打了一声招呼，曹铮看我的眼神让我觉得很不舒服。晚自习的时候我又想起了高一时的那些事情，那种慌乱的感觉又来了。学习的时候没有办法专心致志，上课时也经常分心，总会不自觉地想到曹铮。

我在文科班没有关系很密切的同学，我也很害怕把有关曹铮的事情说出去后，会引起流言。于是我经常自我开导："他现在不在这个教室里，不会打扰我。"可过一会儿就又想起他来。我感觉就像魔鬼附体了一样，曹铮的身影总在我的脑海里出现。我真希望曹铮从校园里消失。

我更担心的是，到了高三，文理科又要搬到一栋楼里，到时候会经常和曹铮碰面。我简直不敢想象见面后要如何面对，更不知道曹铮会如何表现，如何搭讪，自己能够扛得住他的"骚扰"吗？如果抵御不住又会发生什么呢？如果陷入爱情，对学习产生影响可怎么办呢？

欣怡

丽珊老师答疑

亲爱的欣怡：

你是真的希望曹铮从校园里消失吗？其实曹铮现在已经不在你的视野里了，但为什么你还放不下呢？从空间上他在哪里并不重要，因为他已经进入你的心里了。

曹铮无意中撬开了你的心门，他说你个子高以后不好找男朋友给了你明确的信号，一是他关注你了，二是身高成为你谈恋爱的障碍。于是你用“学生时代谈恋爱是不对的”来安慰自己。而那次听到他跟同学说他喜欢你，使你和他之间的联结更加密切，你的眼睛开始“看”他的一举一动，你的耳朵开始“找”他的声音。他和别人说喜欢你，说他要选择文科班将来跟你考同一所大学，都被你捕捉到了。你的心开始慌乱，他如果跟自己表白怎么办呢？你的各种“小心思”造成了学习成绩的下降。

欣怡，你这种慌乱感是正常的，曹铮高一时的各种表现让你认为他喜欢你，但为什么迟迟没有表白呢？太令人匪夷所思了。如果表白了，你可以直接拒绝，这件事也就放下了。而他的这种状态一直吊着你的好奇心。

进入文科班后，你没有什么朋友，这种“担心”已经转化成为让自己回忆起曾经有过来自男生的关注。但事实上，男生对女生的好奇保鲜期很短，尤其像曹铮这种不太“内敛”、不太“沉稳”的男生是不会默默爱你这么久而不表白的，由此得出结论，他的兴趣早已转移，你大可不必紧张了。

欣怡，你的保守和内敛一定会吸引周围严谨内敛的男生，他们欣赏你却不会跟你表白，因为他们坚信学生时代应该以学业为重，为自己未来的人生负责。古代“二八”佳人之所以可以结婚，是因为那个时代的女性“无才便是德”，她们不参与社会竞争；而男性则是“先成家再立业”，成家让男性安定下来，踏实念书求功名。不可否认，人类是进化的，进入现代社会，男女都要参与社会竞争，并且人类的寿命在延长，所以要趁着年少时多念书，为自己未来的事业奠定坚实的基础。

永远爱你的：丽珊老师

同伴导师轩哥观点

欣怡，在我看来，这本身不是什么大事，你不必太在意。这个年龄段的男生常常会用这种方法向女生表达心意，你只是他当时感兴趣的女生之一。也许到高三，或者准确地说，此时此刻他已经转移了目标。这种关注的保鲜期很短，你想让人家关注你，人家估计还没空、没心情呢。

分析完外界环境，再来说说你自己吧。欣怡，你的纠结根源在于你太在意自己在别人眼中的形象了。男女之间没有纯洁的友情，你对男生的那种态度，很容易让人想偏了，所以，如果有人拿你在感情方面开玩笑，你可以跟他好好谈一谈。如果你真的讨厌这个话题，就直接告诉他，这个话题让你很不舒服。如果你能帮大家找个新的“八卦点”，让大家继续有话题就更好解脱了。当然了，如果你能从心里把这件事当个乐儿，就不要在意，更不要纠结。

智慧点拨

青春期被心理学家称为“第二反抗期”，也被称为“心理断乳期”。处于青春期的男生女生，最显著的特点就是“变”，身体开始发育，生理上在变，心理上也在变。随之而来的是开始对异性产生关注，并有着相互接近的内在需要。无论男生女生，此时对异性产生兴趣都是普遍的、正常的心理现象，而且在与异性的亲密交往中往往可以获得良好的关于性别角色的自我意识，甚至因为有异性追求、暗恋而变得自信。

通常，男生与女生对异性的关注，以及表露情感的方式有所不同，女生经常会说反话，明明喜欢，嘴上却说“讨厌，别缠着我”！有时反而认不清自己内心究竟是怎么想的。而男生与此相反，他们在恋爱问题上往往是直来直去，喜欢就是喜欢，讨厌就是讨厌。

青春期的恋爱不一定会导致某个必然的恋爱结果，情感通常比较单纯，而且“对象”也不容易固定，容易被新的异性所“置换”。因此，建议处于“感情旋涡”中的男生或女生，不用为眼前所关注的这个人乱了方寸，很有可能，再过一段时间，你又会遇上一个心仪的新“对象”。有时候，对某个异性投入过多关注，可能与自己的交友圈子狭窄或者学习压力增大等有些关系，不妨试着去扩大交友圈，或多参加运动，这样都会让人从迷茫和焦虑中走出来。

痴迷军训教官，我难以自拔

Q：军训结束后总不能忘记那个又酷又帅的教官，并因此天天处于思念和痛苦中。

A：男生比女生晚2～3年进入青春期，所以在中学时代的女生眼中，身边的男同学都太幼稚，与其说迷恋具体的某个教官，不如说欣赏成熟的男性。

丽珊老师：

军训已经结束一周了，我的心却还留在军营里。说来奇怪，我从小到大对男生都没有感觉，他们太幼稚了吧！当然也没有男生和我说过什么。高一开学去军训，我们的教官21岁，酷酷的、帅帅的。我觉得教官是纯爷们儿，他说自己从小吃了很多苦，高二时家里遇到困难就放弃学业来到部队……我当时听得泪流满面。我的表姐和堂哥都和他同岁，他们的生活养尊处优，还到国外留学，而教官吃过那么多的苦。班里还有几个女生和我一起哭，当然也有一些女生觉得我们哭得莫名其妙。

在军营中，我创造一切机会和教官单独交流，我也能感受到教官开始并不太喜欢和我聊天，而喜欢跟班里几个漂亮女生聊，但我坚信自己的诚心能够打动教官。终于在离开军营前一天，教官和我单独聊了20分钟，我竭尽全力地想自己是不是可以帮助教官做些什么，是不是可以借助父母的关系帮助他。辞行时，我紧紧地抱住教官，哭得死去活来，班主任和同学都十分厌恶地拉我上车。

回来之后，我根本无心上课，每次手机响，我都以为是教官给我发的短信，但一直处在失望中，为什么自己给他发的短信石沉大海，难道教官不明白我的心意吗？

付琦

丽珊老师答疑

亲爱的付琦：

你对教官的感觉并不少见，我在近30年的教师生涯中接待过很多怀念军训生活、怀念教官的女学生。军营仿佛是一个化平凡为神奇的地方，无论多么平凡的男生进了军营都变得超级男人，对青春期的女生有着强烈的吸引力。对此担心的不仅有学校的教育工作者，也有部队的领导。部队的领导会对担任教官的士兵千叮咛万嘱咐，与女学生保持一定距离，但学生与教官之间相互吸引的事情仍然时有发生。付琦，听了我的话，你是不是释然一些？你对教官的各种感受都不奇怪，很具普遍性。

学生和教官是生活在迥然不同环境中的两个人群，如果没有军训的话可能永远无法有交集。生活环境的不同、人生目标的不同已经使双方都对彼此感到好奇，有了探究彼此的动力，而年龄的相仿则令这种沟通更具吸引力。在这种交往中，学生显得更加主动，因为学生在平日生活中接触到的同龄人多是同学，没有任何的新鲜感，同时随着年龄的增长，同学之间已经不像小时候那样可以将心里话说给对方，都在体会着内心的孤独。

尽管教官与学生的年龄是相仿的，但因为他们在部队的大熔炉中接受着教育和考验，他们的阅历比校园中的学生丰富得多，显得更成熟。进入青春期之后，学生也希望自己能够成为成熟的人，因此会不自觉地将教官当作自己的榜样来学习。

付琦，在现实生活中，怀念教官和军训生活的都是女生，军训经历对男生的影响要小得多。我们不免对这个问题的思考向纵深发展了一步。据我观察，凡是产生这种情愫的女生多是学生中常说的“异性缘”不好的，平时很少有机会和男生接触，是被男生忽视或伤害过的女孩，这是为什么？付琦，你们这个年龄是通过异性的眼睛来认识自己的，平时很难从异性那里得到正面的信息。进入军营之后，得到教官的重视和关注使女孩的心理得到了补偿，有时候因为没有恋爱的经历，就误认为这是爱了，把自己与教官的关系定位在恋人的层面上，希望能够朝朝暮暮在一起，分别的时候难分难舍，回到学校依然在怀念着那段自认为美好的日子，并用这种怀念来安慰自己也曾得到过异性关注。

付琦，你心疼教官，渴望有机会帮助教官，因为你对自己能否吸引教官没有什么信心，因为他更喜欢和长得漂亮的女生交往，所以你想给他创造机会，让他能够生活得更好。你的这个念头是任何有骨气的男生都不接受的，有志气的男生更希望通过自己的努力而获得成功，而不是希望借力于某个女生。我想这或许是教官不回你短信的原因之一。

付琦，你主观营造出某种情感的氛围，这种情况如果持续时间久了，你会用自己想象中的男子汉形象做参照来看本班的男生，会使他们很不舒服，进而恶化你们之间的交往。所以还是投身到现实的生活中来吧！

永远爱你的：丽珊老师

同伴导师轩哥观点

军训时总有那么几个小姑娘围着教官转，其实这也是件挺正常的事。“兵哥哥”为什么常常是女生们的梦中情人？因为教官和我们基本是同龄人，但是和平常所见的校园男生气质完全不同，洪亮的声音，健壮的身材，钢铁一样的意志，这些都是校园男生很难具备的。也许是对周围男生长时间的审美疲劳，偶尔见到的教官就显得更加帅气，尤其是青春期的女生期待着白马王子的出现，更会觉得教官就是心目中的白马王子。

我想你迷恋教官也和平时跟男生沟通少有关，你的表姐、堂哥出国求学和教官从军的经历，不能说哪个更好些，只能说是不同的人生选择，他们在不同的领域拼搏，也会在不同的领域实现自己的价值。你接触的异性太少了，没有成熟的爱情观，也许你应该在这方面培养自己，将这份感情埋在心底。如果以后你还是喜欢教官，而恰好有和他在一起的机会，那么一切正好；如果你有了别的想法或爱上其他人，那就成了一段美好的回忆，这样也挺好，是吧？

智慧点拨

无论是从生理还是心理层面来看，女生都比男生早两三年进入青春期。女生在学生时代无论是生活能力还是考虑问题的维度、对社会各种现象的敏感度都比同龄男生略显成熟，男生是不太喜欢与比自己成熟的女生交流的，所以在校园中生理和心理早熟的女生难以拥有好的异性缘。军队生活历练了教官，无论他们的年龄多大，在军训中都会在学生面前展示出成熟、果敢、勇于担当、体贴等优良品质。这无疑会让平时在同学中缺乏异性缘的女生眼前一亮，误认为遇到知心爱人。

厌恶的女生追求我，该怎么拒绝

Q：同桌女生总是骚扰我，我都烦死了，为了让她知难而退，我打算追求后桌女生。

A：在强势女生面前要表现出自己的主见，用声东击西的方法拒绝追求，既不明智也不负责任。

丽珊老师：

说实在的，我其貌不扬，身高才1.65米，天天穿着那套洗得全是毛球的校服。我从小就坚信除了学习之外我没有任何出色之处，因此一直心无旁骛地学习，成绩始终名列前茅。我不喜欢将时间用在与人无谓的交流之中，或者说我根本就不知道如何与人交流。中考后我如愿进入了全省最好的高中。

如果不是女同桌刘婷给我带来有增高功效的粥，并硬逼我喝下，我根本就没有兴趣多看她一眼。她长得不好看，说话声音特别难听，上课总说一些无聊的话题，打扰我专心听课。尽管我很反感，但男生总不能伤害女生吧，只好敷衍着。课间刘婷总和班里那几个疯疯癫癫的女生说笑打闹，可以说刘婷基本属于我最反感的那类女生。几周前的一个早上，刘婷神神秘秘地给我带来一杯粥，说她妈妈同事的儿子之前个子也很矮，喝了这个用偏方熬的粥后，现在长得很高了。她央求了妈妈许久，她妈妈才帮忙熬了，她立即带来给我喝。我心里特别难受，难道自己矮到需要到处寻医问药了吗？刘婷原本以为我会感动不已，却没想我根本就不想喝，她多少有些失望，就各种威逼利诱。为了能够安静听课，我不得不喝下去……可喝下后就非常恶心，我担心粥里有毒，一上午疯狂喝水，上厕所排毒……刘婷全然不理会，一再问我是否好喝，还说要让她妈妈再给熬……

我太讨厌刘婷了，如何才能摆脱她呢？我曾找班主任说刘婷上课喜欢说话，要求换桌位，班主任知道刘婷的毛病，让我们坐同桌就是希望我约束她。我想不出摆脱刘婷的其他办法了。我太苦闷了，婉转地向初中时的一个“情圣”同学求教，对方告诉我，可以找个女朋友，刘婷也就死心了。我觉得这个办法很好。经过一段时间的观察，我觉得后桌的女生安静、平和、爱学习，比较符合我的心意，但如何才能让后桌女生成为自己的女朋友呢？如何表白呢？如果人家不同意怎么办?如果真的谈恋爱了，是不是会耽误学习时间呢？

张子昂

丽珊老师答疑

亲爱的子昂：

难为你了！刘婷属于母爱大泛滥型的女孩，她们专门喜欢那种生活比较“糙”的男生，并希望用自己的爱心改造男生，给他们带来幸福而精致的生活。但非常遗憾的是，她们忽略了对方的感受。

子昂，你是个好小伙儿，尽管刘婷的热情已经给你带来了很大的困扰，但你到现在为止并没有直接拒绝她，也没有说出任何伤害她的话，你这样做是对的。毕竟她所做的一切都出于对你的关心。由此可以更新你之前对自己的判断：除了学习之外没有任何出色之处。你对学习的执着本身就是一种永恒的魅力。

子昂，如果仅仅为了回避追求者而匆匆谈恋爱就不明智了。你对后桌的女生真的了解吗？如果你表白后对方拒绝了怎么办？会不会让刘婷认为："小样儿，认命吧！只有我对你好！"她会对你展开更猛烈的攻势，那你就更尴尬了。子昂，你之前一直心无旁骛地念书，对女生缺乏了解，你现在要补上这一课，广泛地接触女生，讨论除了学习之外的话题，了解女生有哪些类型，知道跟不同类型女生如何交流，这样对于刘婷的示好，你就知道怎样处理而不伤对方面子了。对于刘婷，你可以以专注学习为由，断然拒绝她在课上与你说话，平时和她的交流也仅仅限于与学习相关的问题，用话题、措辞、语气将她的心推远些。她可能不会特别快就死心的，但只要你坚持，她就会退回到普通同学的位置上去。

我也特别想借助这个机会和刘婷同学说两句，青春期的女生爱慕男生没有什么不对的，但为了让这种美好的情感更有意义，给生活、学习增添美好而不是负担，一定要学会"察言观色"，不要认为只要自己一味地付出，对方就会理解和接受。有时真的是适得其反，你"爱"得越多，对方逃得越快。如果进入"互伤模式"，不仅会伤了同学情谊，而且还会挫伤你作为女孩的自信心。

永远爱你的：丽珊老师

同伴导师轩哥观点

刘婷是那类比较强势的女生，虽然对喜欢的男孩很照顾，但是给人一种压迫感。面对这种女生，我建议你不要像小绵羊一样乖乖地照做，而是要把你的想法勇敢地告诉她，跟她谈一谈，向她明确自己的态度，告诉她你不会因为自己的身高而自卑，也没想过去改变什么。告诉她自己除了同学情谊以外对她没有任何其他的感情，并委婉地告诉她，她影响了你的正常学习和生活。沟通的目的是让刘婷知道你是有想法、有主见的男子汉，不会受她的摆布。交流之后，你就要注意与她保持一定的距离，凡事有自己的独立想法，上课专心听讲，不跟她说话。

我觉得，不能因为着急摆脱不喜欢的女生就仓促地找后桌女生做女朋友，这样不仅自己将就，对人家女生也不太公平。男孩子就应该站出来勇敢地面对自己的问题，不管是学习上还是感情上，清楚自己想要什么之后就坚持自我。

智慧点拨

青春期对于异性产生爱慕之情是正常现象，但这样的情愫是否适合表达、要不要向对方表达、如何表达，以及如何处理与学习的关系，都需要技巧，也很难把握分寸。因为即便是成人世界中的爱情也不是件容易把握分寸的事。最美好的爱情建立在双方平等的基础上，如果你发现自己好像爱上某个异性了，你要问问自己到底爱对方什么。千万不要有“救世主”的心态，因为一旦有这种感觉就会将自己的“爱”强加给对方，会缺乏界限感，而对方此时感受到的不是爱，而是压抑和反感。逃离自己不喜欢的“爱”也是需要技巧的，既要自保，又要保护对方的自尊，同时不能将无辜者卷入情感中来。

对于青春期的男生女生而言，这种令人想要逃离的“爱”也许并不那么明确，而只是一种模糊的感觉，无须上升到爱的高度，所以也不必过于紧张。

被我拒绝的女生成了哥们儿的女友

Q：我原本不想谈恋爱，但当被自己拒绝的女生成为哥们儿的女友时，内心有种被掏空的感觉。

A：哥们儿在价值观和审美观等方面趋同，喜欢上同一个异性是完全可能的。躲过一个不适合的女生，避免毫无滋养的“滥情”，可喜可贺。

丽珊老师：

我每天都觉得自己特别孤独，总有一种物是人非的感觉，做什么事情都提不起精神来。尽管原来的哥们儿、姐们儿还在同一个班、同一个社团，却再也没有无话不说的感觉，偶尔说话也总是词不达意，我觉得自己的语言功能都退化了。

我是学校最大社团的负责人，在面向高一新生纳新的活动现场慷慨陈词，尽力游说学弟学妹加入我们的社团。王子涵当天就加了我的微信，第二天竟然就表白希望成为我的女朋友。我觉得幸福来得太突然了。周围的哥们儿都有过或长或短的恋爱经历，而我始终没有“脱单”。可转念一想，作为社团负责人，在这个时间节点上和一个新成员恋爱岂不是“自绝于人民”？一旦被指导老师和同学知道了，无论我如何处理社团的工作，都会引起同学对我公正性的质疑，我肯定在社团里待不下去了。

我明确拒绝王子涵表白的同时也真诚地告诉她，如果她在学校遇到任何困难，我都会尽力帮助她。王子涵告诉我，她是暑假期间才从外地转来，陌生的城市、陌生的学校、陌生的同学，她将我视为亲人，每天都会聊很多。我给她介绍学校的各种情况，在她的一再请求下，我引荐她认识许多学生干部，带她到学校附近的餐厅吃午饭……对她，我有求必应。王子涵偶尔会追问，在我的心目中她是什么，我含糊地说是学妹，是朋友。王子涵的情感好像被我的“木讷”激发了，她每天都会发大量的求爱微信语音。从来没有女生追求过我，我因此陷入纠结中，于是把王子涵发来的语音给哥们儿听，希望得到他的建议。这位“情圣”哥们儿帮我分析说，为了一个女生而失去自己努力了一年多才获得的社团职位太不值得了。我觉得哥们儿说得很有道理。

我完全没有察觉，狗血剧情就在自己的身边上演，王子涵成了“情圣”的第N任女友。王子涵在“情圣”的帮助下，先于所有同年级的同学成功进入学生会担任干事。每天看着王子涵在微信里不是晒她的“大展宏图”，就是秀他们俩的恩爱，我怅然若失。我自己也很奇怪，原本就没有想和王子涵谈恋爱的，当时纠结于如何让她彻底断了这个念头，但现在她真的不再打扰自己了，内心却有种被掏空的感觉。

王子梁

丽珊老师答疑

亲爱的子梁：

你这种内心被掏空的感觉是真实的，爱情剧中的女主角是曾痴心追求自己的学妹；男主角是自己信赖得可以无话不说，甚至请来当救兵的哥们儿。双重“背叛”感觉的确需要消化一段时间。

子梁，站在旁观者的角度，我却觉得你是躲过一劫。从你的描述中我感觉到你没有谈恋爱的经历，而王子涵则心机很深，将感情作为一种资源拿来交换。作为一个外地生，面对陌生的环境主动结识同学是积极的、正向的，但为什么一定要通过谈恋爱来“套牢”男生，让男生心甘情愿地为自己服务呢？在成为学生会干部的路上她还要向多少男生播撒爱情呢？想想看，在认识你的第二天就表白爱情，她了解你多少？是爱你这个人还是爱你手上的人脉资源？当她和你的哥们儿联系上，知道你哥们儿可以帮助她成功进入学生会时，就与他谈恋爱了，感情转移得也太“及时”了。她是发自内心地爱一个人，还是计算好了需要爱一个人呢？如果这是她融入新环境、实现自己梦想的方式，你能认同吗？你能适应吗？

子梁，你和这个女生在人际交往和经营爱情的能力方面都不在一个水平线上，所以你当时拒绝她是明智的，不然你投入感情越深，未来受的伤害也就越大。你哥们儿明明知道王子涵一再向你示爱，你处于纠结之中，他直接承接了这份爱，也算是帮你彻底摆脱纠结的“大义凛然”了。或许他们真的属于同一类型的人呢。

子梁，经营爱情比你们现在所学的任何学科都要复杂得多，我们学知识、长本领都需要反复练习，熟能生巧，直到彻底掌握。而爱情既复杂又不能反复练习，那就需要提高自己的识人能力和交流水平。不过，你的当务之急是跳出自己的“失恋”心态，振作起来，保持和更多人的交流。你的原则性和自控力会帮助你收获学业和事业的成功。

永远爱你的：丽珊老师

同伴导师轩哥观点

首先恭喜你，没有把初恋献给一个处心积虑的女生，这种女生的爱情是用来谋求利益的，她不值得你去爱。我们要尽可能地让初恋变成未来的美好回忆。当然我相信这些你都懂，只是过不去心中的坎儿。其实就算你们现在在一起了，而当你对她没有利用价值的时候，她也会与你分手，去寻找新的“靠山”。你现在的难过不只因为你失去了一段感情，更有一种被朋友背叛的感觉，甚至是失去了一段友情，或者说你觉得自己的能力或者魅力不如你的“情圣”哥们儿。你静下心来想一想，其实并没有那么复杂。我觉得这反而是一件好事，因为你通过这件事，认清了你的哥们儿。也许你还有一种情场不如人的感觉，但感情的事在质不在量。所以赶紧振作起来吧。

智慧点拨

哥们儿、姐们儿在价值观和审美观等方面趋同，喜欢上同一个异性是完全可能的。他们俩并没有背叛你，只是你成全了他们。尽管女生一再向你表白，但你始终没有答应，这说明你们之间的关系始终停留在普通朋友层面。

心仪的男生与闺密恋爱了，我魂不守舍

Q：我爱慕那个男生很长时间了，并默默为他付出着，得知他与我的闺密恋爱后，我内心的痛苦和纠结拉开了序幕。

A：“鬼”不在外界，而在你的潜意识里。

丽珊老师：

我觉得自己得强迫症了。初一时我就喜欢同桌男生舒朗，愿意为他做一切事情——帮他记笔记、替他写作业、给他买午饭，甚至将他的运动鞋和袜子带回家洗（跟妈妈谎称是学校组织同学为福利院孩子献爱心）。每次坐在看台上看舒朗打篮球对于我来讲是人生最幸福的事情，我希望今生今世就一直这样看下去。我是个心思特别重的女生，从来不像其他小女生那样将自己的“爱情”讲给闺密听，我特别担心自己的小心思被别人知道，觉得如果被传出去会很丢人。

得知舒朗和我的闺密俏俏谈恋爱的消息之后，我跑到看台上，默默地流了一下午的眼泪，但心里什么都没有想，这也怨不得任何人。冷静下来，我开始担心，如果舒朗把我之前所做的一切告诉俏俏怎么办？俏俏会不会把我想成挖朋友墙脚的人？说来奇怪，自从我有了这个念头，每次听俏俏说话都觉得她是含沙射影，是在讥讽我“癞蛤蟆想吃天鹅肉”。我越

想越紧张，思前想后我决定跟舒朗认真谈谈，就给他QQ留言，请他将过去的一切忘掉，并保证以后只把他当作普通同学，还恳求他千万不要将自己所做的一切告诉俏俏。舒朗看到留言之后就约我出来面谈，谈话中他总是有意无意地碰到我的手，我被电了一次又一次，心绪全乱了。我决定彻底不理他了，并以自己的眼镜度数不合适为由，请班主任给换了座位。

然而，我内心的惊恐不但没有消除，反而增加了，如果舒朗把我的留言截屏给俏俏看就麻烦了，这可是在俏俏公开恋情之后发生的事呀。我又提醒舒朗把我们之间的所有聊天记录都删掉。舒朗只给我回了几个字："你到底几个意思？"我不明白舒朗为什么这样写，难道他误认为我在追求他吗？那可麻烦了，我怎么能成为挖朋友墙脚的人呢？我晚上睡不着觉，白天精神恍惚。俏俏追问我到底发生了什么事情，我担心俏俏是不是看出了什么，或者是舒朗跟她说了什么。为了将俏俏的视线彻底转移开，我推说有个小学同学追求我，不知道应该如何拒绝。

说了一个谎言之后就需要更多的谎言来维护。丽珊老师，我现在已经筋疲力尽，不知道这种状态什么时候是个头。

姚梦恬

丽珊老师答疑

亲爱的梦恬：

你是个好女孩，默默地爱着舒朗，为他做了很多事却从来没有向舒朗表白。你说自己心思重，不愿意把内心的迷恋讲给同学听，怕落下笑柄，我觉得这是一种非常好的自我保护。我见过太多女孩把心里的小秘密告诉闺密之后，闺密"无意"间告诉了其他同学，一时间全班同学都知道了，由此产生巨大的心理压力，为此我曾调侃说同学就是"大众传媒"。因为你没有将自己迷恋舒朗的事情告诉俏俏，使得俏俏在不知情的情况下和舒朗“在一起”了。“痛失我爱”之后，你开始担心舒朗把你之前对他的各种好告诉俏俏。其实与其说你担心舒朗把这些告诉俏俏，不如说你希望创造与舒朗单独交流的机会，帮助他回忆起你对他的各种好，间接地表达你对他的爱意。正因为你潜意识中有“找回”他的愿望，所以在意识层面你就担心被俏俏知道，担心落个抢闺密男友的名声，“鬼”不在外界，而在你的潜意识之中。我可以肯定地告诉你，你根本不可能抢回舒朗，舒朗对你所做的一切心知肚明，但他根本就没有想过接招儿。

梦恬，如果舒朗认同你，愿意接受你对他的好，并且他也愿意对你好的话，你们之间的爱情是水到渠成的事儿。但他对你的付出表现出浑然不觉，并用和俏俏在一起让你彻底断了这个念想。不要再暗示或明示舒朗什么了，他早就明白，只是他仅仅希望和你做普通同学或者朋友而已。你的一再解释只能使他在你面前越来越有优越感，拉大你们之间的心理距离，你就是一个苦情、暗恋他的人，这足以满足一个男生的虚荣心了。通过你的倾诉，我觉得你可能长得不算好看，于是才有“癞蛤蟆想吃天鹅肉”的臆想。爱美之心，人皆有之，你欣赏舒朗本是一种很美好的感觉，没有必要躲躲闪闪的。但你要清楚他对你的心理定位，所以你就以平和的心态，像欣赏他打球一样，欣赏他与俏俏的爱情吧，他们的感情与你没有关系。不要再与他交流什么了，退回到普通同学的层面就好了。

永远爱你的：丽珊老师

同伴导师轩哥观点

如果你早一点儿跟舒朗表达自己的想法，也许舒朗接受的是你而不是你的闺密。事到如今，要么你就把一切说清楚，要么就当什么都没发生过。你之前表现出喜欢舒朗的样子，但是什么都没跟他说，他跟你闺密谈恋爱后，你又找他出来谈，他碰你的手，你也没有拒绝，然后又跟他疏远，这让人觉得你是在玩弄舒朗。舒朗不知道你怎么想的，也不知道你到底想干什么，你对于他来说像一颗定时炸弹。再说说你的闺密，你要是跟她说清楚一切会显得你心胸坦荡，这样刻意隐瞒如果让她知道了，反而会觉得你具有威胁性，所以把一切都说清楚，不要再遮遮掩掩了。事情说开了，你心里也就会从此豁然开朗，也不会天天挣扎在痛苦之中了。只有心里平静了，你才能专心投入学习中去。如果再为他人的爱情而让自己筋疲力尽，真的太不值得。

智慧点拨

亲密关系要比友情难处理得多。我们学习文化知识都需要由易到难，同样的道理，先把普通的友情关系处理得游刃有余了，将来才有能力考虑爱情。有些学生不会处理人际关系，缺少朋友，往往希望通过恋爱来寻觅一个始终陪伴在自己身边的人，却忽略了这种关系更难驾驭，由此陷入纠结之中。脚踏实地地结交更多的同性、异性朋友，了解同龄人的所思所想，有利于把握在交往中的分寸和尺度。

我喜欢的女生变得太黏人，我想要分手

Q：我向女生表白的同时也约法三章了，但相处后发现她变得越来越黏人，这不是我想要的感觉。

A：你是需要一个摆件，而她需要一个男朋友。

丽珊老师：

我原本是个乐观开朗的人，但最近开心不起来了。

我从小就特别会揣摩成年人的心思。为了让做生意的爸爸欣赏自己，我把压岁钱“托付”给爸爸，让爸爸帮我理财。其实我心里很清楚，就算钱在自己手里，也不能随心所欲地花，那还不如在父母心中树立一个懂事的形象呢。

为了讨妈妈欢心，我总是夸妈妈给自己买的保健品有奇效，其实我心里清楚，这些东西都是骗人的。

我的外婆是高级教师，她一直说我的成绩好就是因为她从小给我建立了良好的学习习惯，为了讨好外婆，每次我去外婆家都会分秒必争地写作业……

因为我精于人际交往，从小就讨老师的喜欢，我总是能精准地读懂老师的话外音，由此许多同学都追随我。初三时，一位“女汉子”成了我的

“哥们儿”，我心里清楚她希望我跟她表白，但我有一些顾虑，如果恋爱耽误了学习时间，不能考入省一中就得不偿失了；如果“女汉子”中考成绩不好，进了糟糕的学校，我们差距过大也就不现实了。

我如愿进入省一中，“女汉子”留在还不错的母校，我觉得和她表白的时机成熟了。在表白的同时，我也跟“女汉子”约法三章：一是正如她所知道的，我在新学校又有很多的朋友，包括男生和女生，请她不要干涉；二是我希望考上一流大学，同时也希望她能考上差不多的大学，所以不要过于频繁地联系，每周见一面即可；三是我会珍惜我们之间的感情，不会吝啬自己可支配的钱，以满足她的物质需求。“女汉子”完全答应。

我觉得自己已经考虑很周全了，但随着感情的深入，“女汉子”的“本来面目”暴露了，她让我把通讯录里的女生电话全部删除，我觉得她不可理喻，我们本来就不在一个学校，就算把现在同校的女生电话都删了，但她挡得住我们天天见面吗？“女汉子”让我每天都要到她们学校门口找她，送她回家……我们之间开始了各种争吵。我大失所望，其实我内心喜欢那种特别温柔的女生，就是因为担心那种女生太黏人，所以选择了坚强独立的“女汉子”，却不想还是陷入了这种痛苦之中。丽珊老师，我百思不得其解，现在不知道如何终止这份感情。

大圣

丽珊老师答疑

亲爱的大圣：

看着你的求助信，我心中暗笑，一个能把成年人心思拿捏得如此精准到位的小伙子，却在恋爱后完全没有弄明白女生，原本内心喜欢温柔女生的你，为了控制在爱情中投入的时间，于是选择了“性价比”最合适的“女汉子”，结果依然陷入密不透风的情网，无力自拔，我想俗话“玩鹰的却被鹰啄了眼”描述的就是这种状态吧，吼吼！有趣有趣！

大圣，我想帮你更新一下观念，你自认为可以洞悉成年人的各种想法，可以把成年人哄得很开心，但从你的表述中，我认为你是一个自我要求很高的孩子，你所做的一切都是从善如流，是成年人所期待的，于是你“装”得快乐，他们也享受你的“听话”和“懂事”，各取所需，自然和谐。如果你挑战成年人的各种规范试试，看看他们是否会被你“蒙蔽”？说这些的目的只是想提醒你要客观地评估自己，客观地评估周围人，千万别误认为自己可以把所有人玩弄于股掌之中。

大圣，在你这个年龄选择爱情而不被荷尔蒙驱使，的确十分难得。但从另一个角度来看，也说明你对这位女生并没有怦然心动，只是为了谈恋爱而谈恋爱。大圣，你对女生的判断是有偏差的。事实上，大多数温柔型的女生从小就吸引男生的眼球，身边不乏追求者，因此她们对自己在异性心目中的价值感心中有数，内心会充满安全感，不需要通过黏男朋友来提升自我价值感。而“女汉子”型的女生刚好相反，从小到大被男生追求的经历少，一旦遇到心仪的男生，她们会希望通过黏人来一再证明自己在对方心目中的地位。

大圣，你要先问问自己到底是因为爱她而谈恋爱，还是因为面子的需要而谈恋爱？你希望挂着一个女朋友，当自己需要爱情时招之即来，当自己需要自由时挥之即去，这太不现实了，并且对女孩也不公平。你是需要一个摆件，而她需要一个男朋友。如果你想全力以赴投入学习，未来考上一流大学就叫停感情，别让女生越陷越深。至于如何结束这段感情，你可以根据对这位女生的了解找到最适合的方法，前提是既不要伤害女生的自信心，比如跟她说她的缺点；又不能让女生在失恋之后陷入自责之中，比如跟她说因为她太黏人了，你无法接受了等。

永远爱你的：丽珊老师

同伴导师轩哥观点

哥们儿，你不能真的把人家当汉子啊，她终究是女生。我觉得，女生在恋爱的时候，不管外在表现出什么样子，但是心中想的都差不多。你对自己的规划很明确，仿佛一切都安排好了一样，但是爱情关系跟其他人际关系不同，你认为自己想了很多，但都是站在自己的角度上，却忽视了她的内心感受。你也许只是把她当作生活的调味品，让自己的生活更加充实，你的这些做法引发了她的恐惧，她不知道你对她是真感情还是玩弄，换句话说你没有给她足够的安全感。因为异校恋，她不知道你是否又喜欢上了别人，为了安慰自己，才对你做出了这些事，不管你怎么看她的做法，但这的确是让她安心的办法，所以你应该理解。如果你真的喜欢她，应该多考虑一下她的感受；如果你觉得不合适，不想再这样过下去了的话，那就勇敢地跟她说。别让人家女孩陷入爱情的纠结中，耽误了学习，影响了升学。

智慧点拨

爱情在人际交往中属于最高层级，因为彼此投入的感情多而变得难度很高，成年人都未必能驾驭好。为什么成年人不希望孩子在大学之前谈恋爱呢？因为作为过来人，成年人深知经营爱情需要投入太多的时间成本、情绪成本。许多人本来是希望通过爱情告别孤独的，但真的恋爱之后才知道“情到深处人孤独”。没有爱情仅仅是孤独，身在纠结的爱情中却不仅会感受到孤独，而且还能感受到痛苦。那么多成年人冒着对孩子构成巨大伤害的风险选择离婚，为什么？就是在婚姻中太痛苦了。作为中学生，千万不要因为想挑战自己的能力而选择爱情。

【本章小结】

为什么古人16岁就可以结婚，而现在的中学生谈恋爱就是成年人眼中的“早恋”呢？这不是退化，恰恰是人类的进化引发的改变。

第一，从生理看，人类的寿命延长。古代人的寿命短，人生必须紧凑，早结婚、早生子。但现代人有必要这么急着恋爱吗？

第二，从社会发展看，古时候女人是不参与社会竞争的，“无才便是德”。而现在女生不仅参与社会竞争，而且竞争的环境比男生更加严峻，为了让自己未来能够自立自强，更有尊严，根本不必早早去恋爱。

第三，从人生选择上看，学生时代是学习的黄金时期，一方面是学课堂上的文化知识，另一方面就是学习人际交往，因为同龄人在人际交往中差异性不大，可以大胆表达，发现问题及时修正。如果此时陷入爱情，往往更多的是两个人相处，而忽略了与周围同学的相处，由此造成人际交往不充分。升入大学或进入职场，则会显露出人际交往能力落后于同龄人的现象。人生在哪个阶段去恋爱没有对与错，只是一个顺序安排问题，如果顺序安排好了，就会顺风顺水；如果顺序错了，就总是处于被动和慌乱之中。

第四，从心智方面看，对心灵有滋润作用的爱情是在充分自知的基础上开始的，也就是知道自己是谁；什么是自己最看重、最渴求的；同时知道对方必须具备什么品质，哪些问题是自己最不能容忍的。青春期既不了解自己，又不了解异性，更不知道双方是否适合。如果仅仅是因为外在形象，或是为了在姐们儿或哥们儿面前有面子就恋爱的话，成功的概率微乎其微，不仅浪费了时间，还会影响自我形象，甚至做出自我伤害或伤害对方的事情，给自己和对方留下心理阴影，直接影响未来爱情和婚姻的幸福。

第五，从未来发展方面看，在大学里流传一句话：“大学毕业就分手！”为什么呢？学生时代，双方都是学生，表面上没有什么差异，但进入职场，有的人具有超强的自我成长动能，又选对了职业，就会快速发展，而有的人或者选错了职业或者自我能力不强，难以胜任职业。两个人的成长方向和速度会发生巨大的变化。因为生存的状态不一样，越来越没有共同语言，爱情难以维持。青春期的人面临着更多的挑战和变化，有几个人能维持爱情呢？明明知道无果却投入巨大的时间和精力，侵占了大量的学习时间，值得吗？

在这个世界上，没有目标的人永远飘忽不定，有目标的人为实现他们的目标而努力。你是有目标的人吗？如果有，那就珍惜每一分钟，做更具建设性、对自己人生可持续发展更有利的事情吧！

第五章

爸爸妈妈，请这样爱我

我心中的完美妈妈：守信用，说话算话；不会给我报太多的课外班；从不拿我和别人家的孩子比；性格温和，不发脾气，不乱骂人；做饭很用心，很好吃；注意个人形象（尤其去学校时）；说话时语气温和，语调轻柔……

我心中的完美爸爸：爱妈妈，爱我，爱这个家；从不抽烟喝酒；尽量抽更多的时间陪我玩；情绪稳定，从不打我；说话算话；给我讲题时有耐心，从不打击我；帮妈妈分担一些家务……

可是，现实中爸爸妈妈几乎都不是这样的。

妈妈，您让我感到屈辱

Q：妈妈的所作所为让我深感厌恶，我和她说话时总是恶声恶气，甚至在梦中我都会特别恶毒地骂她……明知道这样不对，却无法控制自己。

A：学会接纳妈妈是你以更加独立自主的状态立足人群的第一步。

丽珊老师：

我对妈妈极度厌恶，和她说话时总是恶声恶气，甚至在梦中我都会特别恶毒地骂妈妈，明知道这样不对，我却无法控制自己。在我的记忆中，从小到大，妈妈给我带来的都是屈辱。妈妈特别不招婆家待见，我上小学一年级时，奶奶去世后留下了一点儿金首饰分给子女，就为争取到一个金戒指，她每个周日都带着我去爷爷家讨要，爷爷和姑姑就像撵狗一样地轰我们，“你就是个乞丐，有没有自尊？”当时姑姑的话和妈妈一个劲儿哭的场景深深地留在我的脑海里。

在我的眼中，妈妈尽力地讨好每一个外人，却对我吝啬至极。每次亲戚来做客，她都像大款一样给人家买这买那，还将自己舍不得用的东西送给人家。而对我，就算订瓶牛奶都要以考试的名次来换取。二姨家的女儿和我是同一年级，她在普通学校，我在重点学校，每次考试之后妈妈都拿我的分数与她比，不知道她是真的不懂普通学校命题简单、重点学校的难，还是揣着明白装糊涂，总说我的分数不如妹妹，未来妹妹会比我有出息……

我认为妈妈的生活习惯不好，家里总是乱乱的、臭臭的，我提出抗议，妈妈心情不好时就说："你也是家庭成员，看到家里乱，你可以收拾呀！"心情好时就嬉皮笑脸地说她在单位是大家公认的勤快人。最令我生气的是我上周忘了带作业，老师逼得紧，我就给妈妈打电话让她把作业送来，她竟然穿着家常小棉袄，趿拉着棉拖鞋就进教室里，还扯着嗓子喊："老师，我们家程沐阳可是完成作业啦……"全班同学都惊呆了，我恨不得找个地缝钻进去。晚上回家我责问她，难道她不知道应该衣冠整齐进学校吗？她却理直气壮地说："还不是为了第一时间给你送作业，你觉得我丢人就别让我给你送作业呀！"我真是憋屈死了，自己怎么这么倒霉，摊上这样一个妈妈？

程沐阳

丽珊老师答疑

亲爱的沐阳：

从你的字里行间我感受到你和妈妈之间的沟通的确存在很大问题，而憋屈的又何止是你呢？妈妈也很憋屈啊，她在与你朝夕相处中承受着你的指责、恶声恶气。沐阳，通过你的描述，我觉得你妈妈在为人处世中的确存在一些问题，这可能源自她内心缺乏安全感，她希望通过自己的努力、妥协、讨好换来不被人鄙视，混个"好人缘儿"。

当年，与其说你妈妈是为了讨要那个金戒指，不如说她是为了获得与其他子女平等的权利，为了这个"平等"她不惜忍辱负重。对于小学一年级的孩子，妈妈就是你的天，妈妈内心强大，获得外人尊重，你就具有安全感和自豪感，而多次讨要戒指的场景留在你的潜意识中的确是屈辱的，会让你感觉到自己卑微。

为了获得周围人的认同，妈妈一面省吃俭用，另一面却出手大方地讨好别人，又自贬孩子的形象逢迎亲戚的孩子，由此不难看出她在成长中肯定有过被伤害、被遗弃的经历，处于不安或是焦虑的情绪中，这些负面情绪感受深深地刻录在她的潜意识里，造成她自我价值感极低。

沭阳，通过你的倾诉，我特别心疼你妈妈，尽管我不知道她在成长中，在人际交往和婚姻中遭遇过什么事情，但很明显她缺乏自我价值感。她始终没有放弃努力，希望通过自己的付出换来与周围人平等的地位，但她因为缺乏觉察能力，所以让你看到了太多卑微的场面，这无疑会降低她在女儿心目中的价值感。

沭阳，你从小就不接纳妈妈，对妈妈持否定一切的态度，这种状态剥夺了妈妈自我成长的最大可能性，我觉得她对你的“要求”同样有了逆反。她觉得自己所做的一切初衷都是对的，没有什么需要改变的。而你能感受到的就是妈妈的“破罐子破摔”。这无疑更激怒了你，你与妈妈在负面情绪中互动。

沭阳，尽管我并不知道你与同学之间的关系如何，但我猜测你的人际关系也不会太好，因为你全盘否定妈妈，听不进她任何的话，甚至总是希望通过反其道而行之来彰显自己与她不属于同一类人，但这样你就无法接受来自妈妈的教养，既会强化你在与她交流中的“以恶制恶”，又会在人群中显得缺少家庭教养。沭阳，学会接纳妈妈是你以更加独立自主的状态立足于人群的第一步。

一项社会心理学研究指出，妈妈时尚得体有利于培养孩子的自信心。时尚得体能反映出妈妈爱自己、爱生活，对周围的人有基本的觉察。沭阳，你要分担一些家务，让妈妈有爱自己的时间和精力。同时，你要将自己对妈妈的爱表达出来，让妈妈有心气打扮自己!

永远爱你的：丽珊老师

同伴导师轩哥观点

俗话说，儿不嫌母丑，狗不嫌家贫。虽说妈妈很多事做得不对，但这也是她成长环境和现实因素造成的，也许很多过错并不在她。对你的这些纠结我是这么看的：妈妈去要金戒指也许是为了给你买一双新鞋；她对别人好可能是为了遇上一个贵人帮她和你脱离苦海；她要你用成绩换牛奶、说你不如妹妹的成绩，或许只是为了激励你更好地学习；懒得收拾屋子也许是每天高负荷的工作后实在没有力气了；她衣冠不整地给你送作业，也许是冒着出车祸的危险飞奔到你学校，生怕你来不及交作业。无论怎样，你的妈妈都是爱你的，你应该心平气和地跟她交流，不管怎样她会改变的，毕竟你是她最亲的人。不能你看见姑姑、爷爷怎么对她，你就怎么对她，她会伤心的。从现在开始，把她当作妈妈来看待，终有一日她会成为你心中称职的妈妈。

智慧点拨

相对于父亲来讲，母亲与孩子接触得更多些，所以常常能主宰孩子的情绪管理和人际关系。如果一个人与母亲建立良好的情感连接，那么他就具有比较好的情绪管理能力，并且在与人交往中显得游刃有余；如果一个人与母亲之间情感连接不好，则会表现出情绪波动频繁，人际关系难以和谐。在一定意义上讲，母亲决定孩子的生活幸福度。有一位知书达理、与社会保持亲密接触并获得幸福生活的好妈妈，孩子获得幸福的概率就很高。

在人生中，你从思想上否决母亲什么，你在行动上就会追随她什么。所以只有无条件地接纳母亲才能走出母亲的阴影，走出一条完全属于自己的道路。

我和母亲都是沾火就着

Q：我和母亲根本无法和平相处，常常为小事争吵，每次都会用最伤人的话互相伤害。

A：你和母亲的潜意识中有太多痛点。正视痛点，科学、有效地消除痛点才是从根本上优化沟通的关键所在。

丽珊老师：

我和母亲都属于沾火就着的人，经常因为一些小事打起来，有时还会大打出手，打到精疲力竭，披头散发，相对坐下来时却忘了是因为什么打起来的。客观地说，母亲挺不容易的，我上幼儿园时母亲就离婚了。那时她还年轻，周围人都劝她再婚，她总是说带着女孩再婚，让女儿和一个没有血缘关系的男人同居一室有很大的安全隐患，不能为了自己而拿女儿的安危做赌注。

丽珊老师，我每次和母亲吵架之后，都强迫自己想想母亲为我做出的牺牲，以消除对母亲的抱怨。可在日常生活中，我就很难想到母亲的好，她的脾气暴躁，在单位经常和同事吵架。她每天回家先是与我抱怨同事、单位、社会，很快就会转移到我身上，说她工作多辛苦，收入微薄，同事都是势利眼，而这一切都是为了我，我却不能给她带来荣耀……再一路骂下去就是骂她前夫多么恶劣，离婚后马上就结婚了，孩子仅仅比我小4岁。一个大学教授收入那么高，但自离婚到现在一直每个月只给1000元抚养费。我听母亲那边的亲戚说，我母亲的前夫自从离婚之后就一直没有探望过我，他们说许多离异女人都不允许前夫探望孩子，但男人总会想方设法见孩子。他一个大学教授能没有这样的智商？说白了就是他根本不关心我。

丽珊老师，我们母女每次争吵时都会找最伤对方的话说，“哪个男人和你这样的泼妇结婚都会离婚的！”“怪不得你亲生父亲都不见你，扫把星！”

我对母亲的前夫没有一点儿印象，就算在大街上面对面我也认不出来。自打我升入初三，母亲那边的亲戚一直鼓动母亲到法院打官司，让他增加生活费。母亲情绪好的时候就会拉着我的手问：“如果我告他，你说他会念在你们父女的情分上给你加抚养费吗？”我一听这话就怒不可遏，为什么拿孩子来说事呢？我原来在学校因为成绩好还比较轻松，现在因为成绩不好了，总是隐隐地感觉到同学都嫌弃自己，我也总是控制不住自己的情绪，经常和同学发脾气，现在我已经是孤家寡人了。我担心自己未来也会像母亲一样，成为无论如何付出都难以获得丈夫和孩子的爱的不幸女人。

邢美玉

丽珊老师答疑

亲爱的美玉：

从你用的人称代词我就能体会到你的内心感受，自始至终除了妈妈之外，你对亲人的称呼是“母亲的前夫”和“母亲那边的亲戚”，没有温度，更谈不上亲情。“母亲的前夫”还可以理解，毕竟他那么久没有探望过你，他对于你来讲只是一个概念，而“母亲那边的亲戚”则会经常和你见面，还有可能曾经帮你妈妈带大你，但为什么你对他们也没有感情呢？因为他们可能经常对你说“母亲的前夫”的坏话，而你与那个人是血脉相通的。

你自己可以恨他，但不允许别人说他的坏话，这就是奇妙的血缘关系！

美玉，你和你妈妈之所以沾火就着，主要是因为生活经历在你们的潜意识中植入了太多的痛点，细数一下内心的痛点会对你们改善自我、缓和双方关系有帮助。

你妈妈内心的痛点主要包括两大类。一是婚姻中的落败。从你爸爸再婚和生孩子的节奏不难推测，他是离婚的责任方。与其说你妈妈担心你和一个没有任何血缘关系的男人生活在同一个空间不安全，不如说在她心目中男人就是不可信的，从中我们不难推测离婚对她作为女人的自信心有多大的伤害。因为血缘关系，你的某些行为和理念非常有可能随爸爸，尤其是那些你妈妈难以容忍的行为方式，一旦出现她就会怒不可遏。二是教子中的付出。如何让你爸爸后悔当年的抛妻弃子呢？就是让女儿优秀起来，无论是学习成绩、为人处世、情绪管理、气质风度等都非常优秀。因此，妈妈将她全部的爱和精力都投入你的成长之中。在妈妈的意识中，她是为了给你创设良好的成长环境而放弃再婚，她希望女儿能够体谅自己的付出，能够凡事替她多想想。

美玉，你内心的痛点也是两大类。一是从潜意识中会捍卫你爸爸。每个孩子的生命都是来自父母两个人，否定父母任何一方就相当于否定孩子的1/2，这一点是你周围的成年人所不了解的，他们在你面前对你爸爸的任何诋毁不但不会激发你对生父的仇恨，反而会激发你对他们的不满，这就是你为什么不称呼姥姥家人的根本原因。二是一个连自己爸爸都不闻不问的孩子何谈自信？他们抱怨你爸爸的目的是为了让你对妈妈的无私付出表示感恩。我认为你爸爸没有来看你肯定是有他的难言之隐。比如他的再婚妻子为了家庭生活不被打扰，强烈要求他不得与前妻和女儿有联系，他不想再伤害另一个女人和孩子；还可能他将所有的经济收入都交给妻子，他探望你却无法给你买东西，与其在你面前没有面子，还不如根本不见。我坚信你爸爸在时机成熟之后，肯定会来看你的。

美玉，你要多多体谅妈妈，随着你的成长，未来要花钱的地方越来越多，而她的收入微薄，她希望找爸爸多要些生活费也是为了给你储备教育经费。你可以安慰妈妈，不到万不得已最好不要对簿公堂，如果双方撕破脸皮，对三个人都没有任何好处。你可以自告奋勇地与爸爸见面交流一次，了解他的生活现状，建议他多给些生活费。

永远爱你的：丽珊老师

同伴导师轩哥观点

你跟你母亲都把彼此当自己的“出气筒”，而你们每次的恶言恶语似乎成了母女之间的比赛，“你比我还惨”“我骂你比你骂我更狠”，亲人之间尤其是母女之间这样又有什么意义呢？也许你母亲脾气不好，你能想到母亲为了你牺牲很多，这说明你很有孝心，也说明了母亲的不容易，所以要为母亲排忧解难。既然这样，我们就需要有一颗强大的内心和采用智慧的方式。母亲心有抱怨，那我们可以带她出去玩，鼓励她广交朋友，享受生活的美好。你可以主动联系亲生父亲，说说母亲的不容易，和平解决抚养费用的问题。当母亲发火的时候，给她倒一杯茶，听她慢慢说（可以一个耳朵进一个耳朵出）；你也可以说“都是我不对”“我要去写作业了”等避免正面冲突。当然，你也要成为一个享受生活的人，感受到世界的美好，这样才能不被这些压力压倒。你跟同学不要发脾气，让朋友、闺密都乐于与你交流，释放一些压力，我想这样的话，你们母女可以过得越来越幸福。

智慧点拨

高情商的人能够理解自己的情绪，也能理解他人的情绪。当我们与人交流时，在没有任何攻击性语言的前提下，对方突然怒了，我们应该怎么想？“坏了，我触碰到他的痛点了！”我们应该这么说：“对不起，我是不是说错话了？”那么下一步我们应该如何做？尽快找个理由离开现场，避免无意中再次触碰对方痛点旁边的副痛点，使得负面情绪不断地放大，对彼此造成更多、更深的伤害。

爸爸是个熟悉的“陌生人”

Q：我习惯了和妈妈两个人的生活，现在爸爸每周末回家我反而觉得不自在。

A：父亲长期缺席你的成长过程，你们之间缺少感情的互动。

丽珊老师：

我不知道为什么最近每天都心烦意乱，看谁都不顺眼。因为要出国，我每天白天结束学校的课程之后赶到英语机构背单词，一天下来人都累趴下了。因为紧张，原来细嫩的脸上长出许多黑紫色的痘痘。一周发疯般地忙碌，到了周末想在家放松一下。可自从春节过后，在外地做生意的爸爸却每个周末都回家，简直太反常了。在我的印象中，爸爸只是个概念，或者是提款机的代名词，他很少回家，我已经习惯了和妈妈两个人的生活。爸爸突然间周末回家让我觉得莫名其妙，他在家不是坐在沙发上看报纸，就是在电脑上看什么资料，不出一点儿声音，但像一片阴云笼罩在整个房间上空。我很奇怪地发现自打爸爸周末准时回家以来，妈妈说话变得轻柔了许多。我觉得爸爸特别厌恶我，春节时我滑倒在客厅里，爸爸伸手就能拽起我，却大惊失色地喊在厨房里做饭的妈妈过来拉起我。什么意思呀？难道拽起我会“脏”了他的手？我站起来回到自己的房间，直到睡觉都没有再出房间。

丽珊老师，我已经烦躁将近两个月了，对同学也是各种看不惯。客观地说，同桌是个乖巧的女生，我们曾经无话不谈，但最近我发现她和男生说话嗲声嗲气，令人作呕。我不好意思直接指出她的问题，可听她说话就难受。我担心自己是不是得了抑郁症。

李子玉

丽珊老师答疑

亲爱的子玉：

客观地讲，你的烦躁来自三个方面：目前你的学业处于超负荷运转状态，你一个人准备中国和外国两个“高考”。这是完全不同的两个封闭系统，繁重的学业压力会造成你的情绪不稳定；爸爸对你的态度让你特别沮丧，你从小到大接触爸爸的机会特别少，和爸爸之间本来就没有什么感情，而在你摔倒之后需要他帮助时，他没有第一时间搀扶你，让你觉得自己在他心目中没有任何地位；再就是你同桌有着超好的异性缘，而你没有。这三种感觉交织在一起足够你烦躁不安的了。

子玉，我觉得你现在应该做个科学系统的职业生涯规划，最好专注于一个系统的学习。如果你必须出国的话，就按照国外大学的要求，准备相关的成绩和社会活动业绩，没有必要再兼顾学校的日常学习任务，给自己减压。

关于你爸爸的事情可能是我们交流的重点。爸爸是女儿认识的第一个异性。被爸爸在情感上“富养”的女孩敢于并善于与异性交往，并认定自己是被所有人喜欢的。而你爸爸长期缺席你的成长过程，之前他每次回家也无暇顾及你。当他现在每个周末都回家时，女儿一晃长成了亭亭玉立的大姑娘，他和那些抱着女儿、陪伴女儿长大的爸爸的内心感受完全不一样，他不好意思和女儿之间有任何肢体接触。所以当你摔倒了，他不知所措，既关心你又不敢贸然就扶起你，所以只能快把妈妈叫来帮助你。他的这种表现不能说明他不关心你，只能说明你们之间太缺乏感情互动了。如何才能互动呢？你要担当破冰者，主动向爸爸请教一些问题。因为长期不在一起生活，他根本就不知道你的所思所想，他不知道和你聊什么内容。你的请教给他一个抓手，让他知道你对什么感兴趣。

子玉，夫妻长期两地分居使妻子难以获得婚姻的安全感，爸爸回家会给妈妈内心安全感，所以她的情绪自然会温和了。如果你此时将爸爸回来搅乱了你的生活告诉妈妈，会让她很为难，从女性自身的角度，她渴望老公天天回家；从母亲的角度，她希望自己女儿心态平和，你的情绪反应会让妈妈陷入两难处境之中。

子玉，当你能够与爸爸和谐相处了，你的心态就平和了，在班里也可以和男生和谐沟通了，到那时你也就不会反感同桌了。

永远爱你的：丽珊老师

同伴导师轩哥观点

其实你的父亲对你来说更像一个“陌生人”，他突然出现在你的家中，可能会让你紧张，让你不适应。而你父亲何尝不是呢？本来你是他的亲生女儿，但因为多年没有和你“培养感情”，他对你不熟悉，更担心你会抵触他，甚至厌恶他，所以他会处处“小心翼翼”。当你摔倒了，你认为他不想扶你，但是从他的反应来看，他应该是既担心你，又害怕你不想让他扶你。所以你要理解你的父亲，主动找他沟通，给他父女关系的“安全感”。不要想太多他爱不爱你之类的话，想想最俗的一句“天下没有不爱孩子的父母”就知道了。你爸爸为了给你更好的生活，让你接受更好的教育，他常年在外地工作，缺乏家人之间的相互照顾，多不容易呀！

你对同桌的厌恶可能来自你母亲对于你父亲的那种态度，你父母的感情应该是很好的，俗话说“小别胜新婚”，你母亲对你父亲表现出那种样子也是很正常的，你的父母是恩爱的中年夫妻，作为他们的女儿你应该高兴才对呀！因为你厌恶父母的恩爱，你迁怒于同桌和男生的互动，她这也太无辜了。当你理解了父母，你对同桌自然也会平和了。

智慧点拨

父亲对于女儿的身心健康成长是至关重要的。和父亲关系好的女孩会有强烈的自爱，进入青春期后，与异性交往时表现出自信和自尊，发乎情，止乎礼。相反，在成长中缺乏父亲的陪伴、父亲性格暴躁易激惹，对女儿充满嫌弃等，她会认定自己是被所有人厌恶或抛弃的。因为缺乏自爱使她进入青春期后，与异性交往中会走向两个极端，一是退缩，她坚信不会有异性欣赏自己，所以拒绝与异性交往，不敢接受爱情；二是过于开放，为了赢得异性的喜欢，她会表现出低自尊，做出饮鸩止渴的选择。

父亲是女儿接触到的第一个“社会人”。如果父亲对事业、家庭都具有责任感，客观，理性，用自己的行动向女儿展示男人是以怎样的姿态立足社会、赢得他人尊重的，女儿会对社会、未来充满信心，对自我成长有明确的目标和可持续发展的动能；如果父亲对事业、家庭都缺乏责任感，价值观偏离主流社会，个性怪异，行为障碍，情绪管理失常等，会使女儿对社会的认知出现偏颇，迷失自己成长的方向。

爸爸的脾气随着赚钱多而变坏了

Q：爸爸每天把家里的气氛搞得很压抑，发脾气、抱怨、数落我们母子……

A：幸福的人包容性强，不幸福的人才会伤人。家人间需要相互体谅。

丽珊老师：

我就是不明白了，同学的爸爸赚钱多的有的是，可为什么我爸爸稍微多赚一点儿就一天到晚唠唠叨叨，看我们娘儿俩哪儿都不顺眼，真有点儿小人暴富的感觉。

我爸爸原来是一名机械工程师，单位效益不好，那个时候他生活态度积极，经常和朋友在一起。后来他觉得我升入高中之后需要用钱的地方更多了，当时的工资根本就无力承担，就一心想跳槽，找一份赚得多的工作。功夫不负有心人，爸爸成功跳到另一家公司做了销售，工资明显比以前当工程师时多了一些。与此同时，脾气的升幅比工资要快得多，他总是挑我和妈妈的毛病，比如我们用完的东西没放回原处就会被他数落半天。而最让我们母子难以接受的是爸爸要求我们做到的，他自己完全做不到。每当我们提出质疑时，爸爸就会歇斯底里，说他为了让我们母子生活得更舒服付出了那么大的代价，而我们根本不懂得感恩……我特别气不过，难道他赚得多了就有了从心理上折磨我们母子的资格吗？人家的爸爸赚得多，脾气还温和呢。

我爸爸把家里的气氛弄得特别压抑，每天下班回到家，坐在沙发上就开始抱怨，说他的同事为了能够提高业绩，什么龌龊的事情都做，而洁身自好的他就总是业绩不如人。他抱怨客户情绪不稳定，本来说得好好的，说翻脸就翻脸……

我有点儿瞧不起爸爸了，他怎么只看到了自己工作的艰难，难道不知道我在学校也承受着很多压力吗？我的同学有的家境富足，全身上下都是名牌；有的和父母的关系像朋友。而我爸爸仅仅是让我保持最低的生活标准，却每天叨叨，像是立了多大功劳似的。

最近，爸爸又添新“毛病”了，只要看到我稍微松懈一下就训斥我不懂事，不体谅爸爸为了承担教育费用而跳槽做这种虐心的工作，后悔当初跳槽，在原来的单位尽管工资低，但同事关系好，技术熟练，不操心……我们母子都很反感他，人家爸爸赚得多的也不至于像他这样吧。

吕伟昊

丽珊老师答疑

亲爱的伟昊：

在压力事件评估表里，“跳槽，变换工作”属于高压力事件，变换工作给人带来工作环境、人文环境、沟通模式等很多方面的变化，这些对人的心理承受力无疑是巨大的挑战，需要相当一段时间的心理适应。你爸爸变换的工作是所有跳槽中跨度最大的一种，通过你对爸爸心理状态和行为特征的描述，我对他的心理健康状况很是担忧。

伟昊，要想更加科学地分析你爸爸的心理状态，我必须先讲讲职业生涯规划。缺乏职业生涯规划是造成你爸爸现实尴尬的关键。因为你没有说明爸爸是什么行业的工程师，单位经济效益不好有两种可能性，一是夕阳行业，整个行业都萎缩了，可能收入不高；二是所在单位不善经营。如果他在跳槽之前接受科学的职业生涯规划，如果属于企业经营不善，我会建议他应聘同类别的经营状况良好的企业；如果属于夕阳行业，则帮助他进行专业配比，选择相关性高的企业，无论如何尽力保持工程师的岗位。因为从宏观上，职业分为两大类别，一类是与人打交道的，一类是与物打交道的。工程师是典型的与物打交道的职业，而销售则是最高难度的与人打交道的工作。一般人都难以驾驭如此巨大的职业转换。伟昊，你爸爸当时换工作时仅仅看到了经济收入提高，却忽略了其对人各方面能力的要求和对心理的挑战。换岗后爸爸所有的“吹毛求疵”，在一定程度上说明他的情绪处于高焦虑状态。你和妈妈要多多体谅，千万不要再火上浇油，成为压倒骆驼的最后那根稻草。

伟昊，你爸爸是一个有原则、有底线、有家庭责任感的好男人。销售工作的压力很大，一些男人面对强大的压力往往会选择喝酒、打牌或更极端的娱乐方式释放压力。而你爸爸洁身自好，出淤泥而不染，不做任何伤害自我形象、伤害家人感情的事情，而是早早地回家和家人在一起。他挑你们的“毛病”不是你们真的有毛病，而是他在职场缺乏应有的存在感和安全感，在家人面前他要通过这种交流方式获得存在感。

伟昊，你要和妈妈进行沟通，让妈妈也理解爸爸所面临的职业压力，对他多包容，对他为了家庭而付出的努力表达感激。当爸爸感受到你们对他的付出“领情”了，他就认为自己所做的一切是有价值的，心情自然也会平顺一些。但如果你们误认为他因为赚钱多些就居功，由此产生厌烦或消极抗拒时，他就会更加沮丧，不知道自己所有付出的意义在哪里，他的焦虑会引发更多的负面情绪，必然会更唠叨、抱怨、挑剔，恶化家庭气氛。

伟昊，通过你爸爸的经历再次证明职业生涯规划有多重要，如果选错了专业，入错了行业，就算你再努力也无法收获相应的回报。而中途转行所承受的压力则更多。千万别拿爸爸的事业、收入和别的同学的父亲比较，起点不一样，加速度就不一样，收获自然也就不一样。幸福的人包容性强，不幸福的人才会伤人。家人间需要相互体谅！

永远爱你的：丽珊老师

同伴导师轩哥观点

你爸爸原来工程师的工作是和机械打交道，专注干好自己的工作就好了，不用应付太多的人情世故，而且他应该也很喜欢工程师这份工作，所以他没有那么多的怨气和愤恨。换了销售的工作之后，工作环境发生很大变化，这是他既不喜欢也不擅长的领域，由此情绪经常失控。他觉得不能再干原来喜欢的工作，是为了你和你妈妈，所以他的负面情绪自然就会针对你们。他为家付出了很多，人到中年从头开始，这是许多人不具备的勇气，也许你爸爸也没有这个勇气，但是为了你没有什么豁不出去的，你应该感受到爸爸对你的那份爱。不要再给他其他的压力，跟他进行柔性的沟通，回家后帮助他放松，缓解这种负面情绪，比如给他讲讲学校的趣事，送他一个小礼物，一家人出去看场电影等，让他平和地释放，他自然就不会这样了。另外也不要跟别人攀比，俗话说家家有本难念的经，只是你不知道罢了。享受当下的幸福才是你应该做的，积极地生活吧！也许有很多人还在羡慕你现在的生活呢。

智慧点拨

父亲对男孩有哪些影响呢？在男孩的心目中，“长大后我就成了你”用在这里再恰当不过了，一个事业成功、乐观、合群的父亲让儿子觉得做男人真的很棒。如果这样的父亲还能给儿子关怀和支持，就太完美了，男孩身心和谐，拥有成就事业的能量和勇气，乐享幸福人生。如果成功父亲疏于与儿子沟通，儿子会落寞，但他坚信自己的遗传基因是好的，生命是有能量的，如果外界给予适当的引领则会走向正途。

如果父亲性格怪异、事业颓废、人际关系不好，男孩就会惊恐，担心自己也成为像父亲那样令人生厌的人；男孩内心对父亲的瞧不起阻断了他与父亲之间的情感连接，但遗憾的是，男孩身上的某些行为越来越像父亲，他会对自己失去信心。接纳父亲是男孩活出自己人生的最好方案。

父母不和，我成了可怜的替罪羊

Q：我每天在家里心惊胆战，怕父母吵架。

A：在父母关系紧张的家庭中，孩子很容易“躺枪”。学会做自己情绪的主人是关键。

丽珊老师：

我是重点学校初二女生，昨天妈妈又骂我骂到凌晨3点，而事情的起因仅仅是我晚上11:00写完作业后和同学聊了会儿QQ，妈妈说我不保证睡眠，第二天上课精神状态就不好，如果将来考不上好大学，就辜负了她这么多年来维持这个“该死的婚姻”。在我的眼中，爸爸的确是“扶不上墙的烂泥”，自从单位解散之后，已经在家待了七八年。他对外人都挺有礼貌，但在家脾气暴躁，和家人打架，有一次竟然把奶奶推倒，摔成骨折。妈妈开一家小公司，终日忙碌。妈妈的脾气也不好，不是唉声叹气就是数落我们父女。我每天在家心惊胆战，不知道妈妈何时嚷起来，也不知道爸爸何时又摔砸东西。最近爸爸又添了“新毛病”——跟踪妈妈，只要看到妈妈和男性在一起，回家后就会逼问对方是谁，双方是不是有什么见不得人的行为。妈妈从不示弱，和他大吵，双方陷入无休止的战争之中。妈妈告诉我，她想离婚；爸爸告诉我如果妈妈要离婚，他就会杀了妈妈……在这个家里我越来越沉闷，极力避免和他们说话，但有时控制不住情绪也会暴躁。我觉得妈妈最伤害我的话就是“你特别随你爸爸”。怎么能随他呢？如果真的随了他还会有未来吗？我从小学到现在都在一流学校，而他呢？有时我真的不知道他们为什么不离婚？凑在一起就是为相互伤害吗？我现在在学校也变得沉默了，对什么都提不起兴趣。

冷子涵

丽珊老师答疑

亲爱的子涵：

我能想象你们的家庭气氛。你年龄太小了，根本无法体会妈妈内心的紧张和惶恐。一个家庭如果夫妻双方都工作赚钱，就算一个人的收入用于家庭开支绰绰有余，另一个人的工作也很有意义。这样的家庭结构中，夫妻内心都安全，既可以“我离了谁都能活”，也可以“如果我累了歇歇，家庭不会陷入入不敷出的状态”。而当家庭的经济负担完全压在一个人的肩上，人就会变得异常焦虑，就像一个猎人如果白天没有捕获猎物就意味着全家人当天没有饭吃一样。妈妈担心生意上出现差错，担心自己的健康出现问题，她成了家里不能停下来、不能倒下来的人。承受着如此巨大压力的她多么希望回家之后，能有个肩膀靠一靠，能有句体谅、温暖的话听一听……但你妈妈回家看到的是你爸爸的颓废，遭遇的是爸爸对她的不信任和暴躁，她内心的委屈你现在理解得了吗？

子涵，我们再解读一下你爸爸的心理。一个男人甘于在家待上七八年，说明他之前的职业状态，他已经完全丧失了进入职场的锐气和豪情。随着他与社会的脱节，他内心积蓄了越来越多的不安：妻子会心甘情愿地养他一辈子吗？孩子会不会瞧不起他？孩子会给他养老送终吗？这么多的担忧都会化作一腔幽怨和暴躁，情绪经常处于波动之中，患得患失，而他的坏脾气必然招致家人的反感，“本事不大，脾气不小”。家人与他进入负面情绪互动之中，他越来越自暴自弃。

子涵，这种家庭结构中的孩子十分容易“躺枪”，无论做什么事情都会触动爸爸或妈妈的痛点。妈妈为了你维持着令她压抑痛苦的婚姻，希望在你考大学之前保持一个完整的家，她希望你体谅她的付出，能够懂得感恩，努力学习，用优异的成绩来回报她。以后她再发脾气你不要和她争辩，避免矛盾进一步升级。在日常交流中，你也要将自己的内心感受，包括在学校的感觉都讲给她听，让她意识到孩子也是一个独立的个体，而不是任何人的附属。如果你不把自己的诉求说出来，她就无从了解你的内心感受。

我也想和子涵的妈妈说一句肺腑之言：当年选择这桩婚姻的是你，现在想维持这桩婚姻的还是你，那就不要为难孩子，你的付出是希望给孩子一个和美的成长环境，如果每天都在争吵，孩子毫无幸福可言，那你所付出的还有意义吗？

永远爱你的：丽珊老师

同伴导师轩哥观点

现在的情况是你爸爸和妈妈关系不好，而你成了他们的缓冲地带，这个时候你就比较悲催了。也许你会两边受气，成为双方的负面情绪“垃圾桶”，你的压力可想而知。但是你的角色也可以成为他们感情的黏合剂，俗话说，“宁拆十座庙，不毁一桩婚”，帮助他们制造点浪漫什么的，比如找些老照片，说说你爸怎么追的你妈，帮助他们回忆过去；再比如组织他们去看看电影（喜剧、爱情剧什么的，千万别是恐怖片）；还可以买束花让爸爸送给妈妈，以此缓解他们的压力。

你妈妈把外面的压力带回家中释放，你爸爸在家中没有安全感，然后转化成了怒气，他们选择了粗暴地释放压力，所以你可以帮助他们平和地释放，让你爸爸去找点喜欢的事做，实现自己的价值；让你妈妈在充满压力的时候可以回家开怀大笑，这样你们家就可以回归正常啦。

具体做法是，首先别让他们抓住你什么明显的把柄，避免他们对你暴跳如雷；然后找机会主动和他们沟通，用心劝劝他们，帮助他们互相理解彼此；再通过那些小浪漫勾起他们爱情的回忆，让他们回到那激情燃烧的岁月。当然也让你从情绪发泄的“垃圾桶”变成沟通感情的“小棉袄”。

智慧点拨

如何求大同存小异、妥善经营家庭是一个重要的生命课题。我们所说的“大同”是指家庭的所有成员都希望家庭稳定，那么就都做出自己的努力和贡献。“小异”是指谁赚钱养家、谁做家务、谁来营造和谐的家庭气氛等。在一个家庭系统中，与社会亲密接触、在自己领域获得成就感的成员最具生命力。这样最具生命力的家庭成员应该努力去激发其他成员心中善良、温暖的力量，大家一齐努力了，家庭就真正和谐了，家庭成员也就都幸福了。

奶奶重男轻女，太让我伤心了

Q：父母离婚，我住在奶奶家，可奶奶重男轻女，我的日子过得很不好。

A：生活的确给你出了一个小难题。记住去寻找正能量的帮助。

丽珊老师：

我觉得我是个不幸的孩子。虽然爸爸算是所谓的成功人士，但经常做出一些身为丈夫不该做的行为。因而在我5岁那年，爸妈离婚了。作为全职太太的妈妈没有获得对我的监护权，我被爸爸送到奶奶家。在奶奶家的生活并不如我爸爸看到的那样。爸爸经常出差，他给奶奶很多生活费，以为这样我就会很幸福，其实我在奶奶家备受欺凌。奶奶重男轻女思想很严重，从我住进奶奶家后，就开始了我的“小保姆”生活。四五个大人的衣服都让我洗，我还得给家里做饭，楼上楼下扫地、擦地，而更让我愤怒的是每当爸爸回来时，他们就对我格外好，说我就是小公主。可爸爸走后他们就继续像原来一样对待我。

奶奶把所有吃的都藏了起来，每当我饿了找到一样，下次一定就换了地方。明明是哥哥做错了事情，奶奶也会怪到我的身上。一次，奶奶做了鱼端上桌子，哥哥自顾自地夹了一块，奶奶上桌时就训斥我没有规矩。我申辩不是我夹的，幸好哥哥承认是他夹的了，不然我可能就别想吃饭了。

奶奶把鱼的中段全部夹给哥哥，然后对我说："女孩子别吃太多，胖了就不好看了……"

丽珊老师，在这样的生活中，唯一的开心时刻就是给妈妈打电话的时刻。爸爸禁止我和妈妈接触，但我总是偷偷跑到楼上把门反锁起来和妈妈聊天、向妈妈倾诉。直到有一天他们发现了，然后把我屋的电话线切断了，并揍了我一顿。我现在每天回家之前都很紧张，生怕做什么惹恼了奶奶。奶奶总是跟我说我妈妈好逸恶劳，不能照顾好爸爸，爸爸才和她离婚的。我特别不爱听，但又不敢反驳，我什么时候才能从这个牢笼里逃出去呀？

马乃文

丽珊老师答疑

亲爱的乃文：

你的成长环境的确有点儿复杂，并且难以改善。父母离婚之后，父亲没有精力把你带在身边，将你寄养在奶奶家，奶奶"无辜"地承接了儿子离婚带来的负担。这种寄养和你父母婚姻完整时你偶尔去奶奶家住完全不一样，你和奶奶的内心感受也是不一样的。其实不是所有老人都愿意照顾隔辈人的，这不是钱的问题，而是人生追求的问题。对于奶奶来讲，你住在奶奶家是不得不接纳的现实，而不是她的主动选择。所以你对她不要期望值太高。

乃文，人与人之间是互动的，一旦你在内心觉得奶奶重男轻女，并且在爸爸面前各种伪装，你的想法就会有所流露，奶奶肯定能够觉察的。我不知道你的身材如何，如果你现在已经比较胖了，监督你少吃点儿没有错。为什么我会想到你的身材呢？因为处于焦虑状态的人有时会以吃东西作为减压的方案，有的甚至会有暴食的倾向，这样会造成肥胖，对于女孩来讲这可不是什么好事情。只要营养能够支撑你的成长，少吃不是完全不可以的事情，你周围的小姐妹不都个个在喊减肥吗？当然，如果你很瘦，甚至有营养不良倾向的话则另当别论了。

乃文，婚姻中的双方都要为离婚负责，但一般情况下，孩子跟随的一方为了避免孩子“身在曹营心在汉”，往往会贬损对方，这是一种极其错误的做法。这样会造成孩子的自卑和对一起生活的亲人的厌恶。乃文，如果希望改变现状，你要调整情绪，以非常平和的态度告诉他们：“她是我的妈妈，我不知道她做了什么，也不想知道爸爸做了什么，但我不喜欢听别人说她的任何坏话！”注意，你的情绪一定要平和，这样才会对他们产生震慑作用，让他们反思自己的言行。如果你态度激烈，他们就会认为你是青春期逆反，关注点是如何平复你的逆反，而不是反省自己的行为。

乃文，如果你实在不想再和奶奶一起生活，可以和爸爸认真地谈一次，请他帮助解决你的监护问题。如果条件可以，你可以和他生活在一起。如果他实在抽不出身，问问是否允许你随妈妈一起生活。和爸爸谈这个问题时也要态度平和，语气坚定。乃文，生活的确给你出了一个小难题，但如果你在这个年龄就能妥善处理这种问题，那么就说明你比同龄人更成熟了。

永远爱你的：丽珊老师

同伴导师轩哥观点

有压迫的地方就有反抗。这是我想对你说的话，当然反抗也是有技巧的，你可以把他们训斥你、折磨你的话录下来，给你爸爸听，然后让他知道你的处境，这样你才不会孤立无援，独自承受这些。你的处境类似于灰姑娘，但是童话中让灰姑娘转运的仙女教母现实中并不存在，要改变命运只有靠自己，所以要去反抗。也许有的人认为他们都是你的长辈，你应该忍气吞声，但是我认为这对你不公平，也没有道理。他们不让你吃东西，你就自己做吃的；无缘无故训斥你，你就离开；说你妈妈的坏话，你就反驳；要求你做过量的家务，你就不干。你要让他们知道你不是一个保姆，而是他们的晚辈；让他们拿出长辈应有的样子来对待你；让他们知道你是一个有血有肉的人。当然做这些的前提是，你要争取到你爸爸的帮助，不然你可能会生活得更加难受，但是无论如何，不能再这样下去了，靠自己去改变自己的处境，才是最好的解决方式！加油！

智慧点拨

没有经过婚姻治疗就离婚是不负责任的。因为离婚影响的绝不只是两个当事人，而是两个家族，受伤害最大的无疑是没有独立生活能力的孩子。孩子的成长对外界充满了依赖。对于孩子来说，要记住，如果生活给我们出了这样的难题，我们就要寻求各种帮助，尤其是正能量的帮助。

这个世界没有人爱我

Q：在老师和同学眼中，我是问题学生；在爸爸、继母、毫无血缘关系的哥哥眼中，我仿佛是一团可有可无的空气。

A：再婚家庭的人际关系复杂而微妙，多多体谅自己的父亲，他夹在各种关系中难以周全。

丽珊老师：

我初一入学时留着短短的头发，在别人的眼里我就是一个桀骜不驯的假小子。他们说我的眼神中流露出不屑与冷漠。

在我眼里，周围这些同学都是温室里的花朵，而自己则饱受了风吹雨打。我小学三年级时父母离婚，妈妈坚决不要我，爸爸在百般为难中收留了我。我曾经想通过努力学习让爸爸对自己好些，但五年级时爸爸因为再婚而给我转学，我经历了所有插班生的尴尬，在学校我不仅孤独，而且还经常被欺负。而回到家，我又要适应一个女人和一个毫无血缘关系的哥哥。爸爸为了讨好那个女人，总是夸哥哥。我体会到了“有后妈就有后爹”的百般滋味。

我从小学六年级开始谈“恋爱”，我看不上同年级的小男生，他们都幼稚、娘娘腔，我的几任男朋友都是辍学的社会小青年。每次谈恋爱，我都会将男朋友的名字首字母文在胳膊上。每次我都很投入，奋不顾身，但都是很快就结束。

我讨厌穿校服，校服太没个性了。我喜欢按自己的审美装扮自己，我想要酷一点，于是我戴美瞳、涂指甲、戴耳钉……只要一上学，我的情绪总是处于极度的波动之中，而所有的情绪都通过不学习来宣泄。我上课看漫画书，不交作业，考试能抄就抄，抄不了就交白卷。无论和谁发生矛盾，我都会大打出手，班里的男生几乎都被我打过。有一次，我还把一个男生打倒在地，把他的脸挠出了血道子。因为这些，我是教师办公室的常客，他们将我看成问题学生。我有时觉得人生很累，在学校，没人看得上我；在家里，也没有人关心我。真不知活着有什么意义。

欧小萌

丽珊老师答疑

亲爱的小萌：

你的经历和现在的行为再次印证了“受伤的人最容易伤人”这句话。无论你的家人还是老师看到的都是你桀骜不驯、难以管教，但我感受到的是你内心的凄苦。对自己都不满意怎么能照顾得了别人的感受呢？小萌，随着时代的变化，虽然婚姻家庭也呈现多元化，单亲家庭已经不是少数，但你的经历好像比别人更虐心一些。首先是妈妈坚决不要你。一般情况下，妈妈无法与孩子分离，无论生活多么艰难都愿意把孩子带在身边。尽管父母离婚，如果双方都争抢孩子，多少能让孩子感觉到自己是可爱的。但我坚信你妈妈不要你，肯定有你作为孩子不能理解的难言之隐，你长大后她会告诉你的。其次是爸爸总表扬继子。爸爸夹在女儿、再婚妻子和继子之间，的确很为难。他认为你是他亲生的女儿，能体谅他的苦衷，希望你能和他一起维护继母母子的感受，以维护四个人的生活和谐。小萌，你可能认为丽珊老师一直在替你父母开脱，生活本来就很复杂，有时眼见都不一定为实。

小萌，你内心严重缺爱，所以对爱有着强烈的诉求，只是你不懂如何获得爱，于是用“冷漠”“不屑”来包装自己，你的表情误导了同学，他们不敢接近你，生怕你会说出伤人的话或干出伤人的事。大家躲着你又使你更加坚信他们不喜欢你，通过离群来证明“姐不需要”。学校里的男生都因为你的暴躁而退避三舍，你以“小男生太幼稚”为理由来化解内心的失落，幸好社会上的小青年接受你，你自然和他们混在一起。但我想问你，你幸福吗？你真的希望就这样浑浑噩噩过下去吗？

小萌，我很心疼你，你天天像个小刺猬一样，大家看到的是你身上长长的、硬硬的刺儿，而谁又能想象到这些刺儿里包裹着柔弱的、不堪一击的心灵呢？你觉得自己在这个世界上没有依靠，其实如果你能够将自己内心的感受讲给班主任听，他会给你帮助的。班主任了解你的心声之后，他或许会找你的父母交流，告诉他们应该如何与你互动，毕竟你现在的行为已经对你父亲构成了困扰，他肯定希望得到指导，也会配合班主任，改善他与你互动的方式，给予你所期待的爱。

小萌，年少时遭遇一些生活的考验不是一件坏事，你会在克服困难的过程中学会如何照顾好自己，照顾好周围的人，获得最大程度的幸福。

永远爱你的：丽珊老师

同伴导师轩哥观点

你做这些事是因为在童年缺少应有的爱，但是这么做能弥补你所缺少的爱吗？也许你会说，你已经麻木，不再需要爱，但谁不想享受被爱的感觉呢？既然你缺少父母亲人的亲情，你那些所谓的爱情又不靠谱，那么我们是不是通过跟老师和同学处理好关系从而享受到师生情和友情呢？所以不要觉得你的同龄人不如你生活经历丰富，你和社会小青年才是真正有共同语言的人；也许你会觉得跟同学沟通很困难，但是至少你可以去善待他们，只有你善待他们，他们才会善待你，我相信你会在这种互相善待中感受到你所需要的东西。

当然，在善待他人的同时，你更要善待自己，你爱自己，别人才会跟着爱你。无论友情、亲情、爱情，都是这样。当然，你所经历的爱情，我不认为是真的爱情，只是你宣泄的方式而已。从头到尾你并没有做错什么，是父母感情不和造成了现在的局面，但是你为什么要用别人的错误来惩罚自己呢？这对你很不公平。父亲和继母都是你目前的亲人，你也可以对他们好一点，如果仍然换不来他们对你好，那你也没有损失什么。从现在开始，善待每一个人，包括自己，享受这个世界的每一分善意。

智慧点拨

再组家庭的人际关系复杂而微妙，为了减少再组家庭对孩子心理的影响，家长一定要创造更多的机会，平等、平和地与孩子交流，了解他们内心真实的诉求，给予他们最需要的心理支持。不要在异父异母的孩子中制造竞争的局面，他们都为亲生父母离异付出了心理的代价，给他们营造舒适的、友善的心理环境十分重要。

【本章小结】

原生家庭是与新生家庭相对应的，原生家庭是指由父母照料的、孩子出生并成长的家，孩子长大结婚后组建的是新生家庭，而他们新生的家庭就是他们孩子的原生家庭。每个人都带着原生家庭的烙印，按照自己对原生家庭的解读，诠释自己的人生价值。在体验内心感受的基础上应对外在世界，并依照外在世界的反馈固化自己的思维和行为模式，形成内外循环，由此书写自己的人生篇章。

原生家庭的价值观、行为方式、家人间情绪互动、依恋模型、夫妻沟通模式、家人互动的模式等都会对子女构成深刻的影响。

父亲主宰孩子的生命能量。如果一个人与父亲建立良好的情感连接，就会充满生命能量、自信、乐观、开朗；反之，就会表现出生命能量低弱的状态，难以保证学业或事业的可持续性，内心总是充满各种无法坚持完成任务的理由。

母亲主宰孩子的情绪管理和人际关系。如果一个人与母亲建立良好的情感连接，他就具有良好的情绪管理能力，并且在与人交往中游刃有余；反之，则会表现出情绪波动频繁，人际关系难以和谐。在一定意义上讲，母亲决定孩子生活的幸福度。有一位知书达理、与社会保持亲密接触并获得幸福生活的好妈妈，孩子获得幸福的概率就很高。

第六章
学习是成长中绕不过的坎儿

世界这么大，我要出去走一走，为什么天天把我束缚在教室里，用无穷无尽的习题捆绑住我？

分数高的学生人人喜欢，而我是平时作业的英雄，考试中的“狗熊”，在决定前途命运的考试中就是“死熊”了。

为什么除了学习之外的所有优点都不能被成年人认同呢？

在父母的眼中，只要我成绩好就是他们的骄傲，他们的好孩子；一旦成绩不好就是存心给他们丢人，我的存在使得他们的人生不完美了。

学习呀，学习，我怎样才能爱上你？

我不想当“学傻”

Q：同学们叫我“学傻”，我想通过看真人秀节目《变形计》顿悟。

A：谁也不能复制别人的人生，努力学习是对自己的人生负责。

丽珊老师：

我想开了，坚决不学习了。我在课堂上无精打采，一下课就“满血复活”，跟班里其他《变形计》“脑残粉”说某男的酷发型，某女的炫富……我甚至期待自己也成为“问题孩子”，能够上节目，并且获得别人的追捧和膜拜。父母和老师都对我现在的各种表现大为吃惊，毕竟我初一时还是一个勤奋读书的孩子，为什么升入初二后面对成绩一落千丈我不但不着急，反而表现出对学习根本就不上心。

丽珊老师，您知道学习的4个境界吗？“学神”——不念书但成绩好；“学霸”——念书同时成绩好；“学渣”——不念书成绩也不好；“学傻”——念书但成绩不好。我从小学开始就努力学习，老师们对我的评价如出一辙：“不聪明但踏实。”我成绩始终处于上游。初一升初二的暑假我没有上衔接班，初二开学之后，我突然觉得一切都变了，周围同学好像都不怎么念书，但成绩普遍提高，而我天天陷入该死的物理之中还是弄不明白。我开始感觉时间不够用，作业量太大了，如果像以前一样把作业完美地写完就得晚上12:00睡觉。我纠结是不是把作业写完，同学告诉我，抄答案就好了，作业很快就能写完了。我跟同学学到了很多的“巧劲儿”。初二期中考试，我跌落到班里的20多名，就在我痛苦不堪的时候，男同桌告诉我同学都叫我“学傻”。我当时大脑一片空白，认真地研究了大家说的学习的4种境界后，觉得“学渣”都比“学傻”好听。同桌每天上课不是睡觉就是说话，但成绩一直在提高。同桌告诉我，她每天回家不怎么学习，每到周末都看《变形计》，觉得自己仿佛学明白了一样。我发自内心地感谢同桌能够告诉我学习成绩提高的秘籍，也开始看《变形计》，我羡慕真人秀中的问题孩子，他们都成了明星，不但可以不学习，而且还可以进入娱乐圈，就算开个微店都赚钱。那学习还有什么意义呢？我每次看着糟糕的成绩就自我安慰，不学习到一定程度就会突然“顿悟”了。

赵皓雯

丽珊老师答疑

亲爱的皓雯：

你真是一个好孩子，无论当初的“不聪明但踏实”还是现在希望通过看《变形计》顿悟，你都是在追求学习成绩的提高。但现在你是想通过不念书，玩酷，效仿《变形计》中的问题孩子，选择的方向出了偏差，如果不悬崖勒马的话，你的人生轨迹会发生扭曲。如果真的过起那种“酷”生活，你会更加难以驾驭。

皓雯，低学段的女生因为胆子小，亦步亦趋地按着老师的要求去学习和做事情，成绩自然比男生好很多，很多小学班里前十名中男生仅仅两三个，其他都是女生。但随着升入高年级，情况就会发生变化。初中阶段男生有2个崛起的年级，第一次崛起是初中二年级，男生本来动手能力就强，他们从小就期待着初二学物理，揭开各种“谜底”，爱物理收获了好成绩，他们体会到学习的乐趣，并把对学习的热爱推广到所有学科。第二次崛起是初中三年级，临近毕业，他们意识到学习的重要性，开始发奋。相比较而言，男生更喜欢“群体”学习，几个哥们儿在一起讨论知识点、分享解题的思路，这种学习方法本身就是高效的。为了在讨论或争论中更胜一筹，他们更努力地学习，成绩提高又强化了他们对学习的热爱。有一些精力充沛的男生刻意营造“学神”模样，在同学面前表现出不努力学习，回家之后争分夺秒提高学习效果。千万别被他们误导为不念书反而成绩提高。

皓雯，初二名次下滑不一定意味着你退步了，而是男生追赶上来了。不知道真相的你迷茫了，希望通过追《变形计》获得顿悟，多么不符合逻辑的想法呀！有很多学生曾受到这个真人秀节目的影响。节目的初衷是想向大家呈现“问题孩子”是如何改变的，但有时结果事与愿违，一些青少年看这个节目对“问题孩子”是如何改变、变成什么样子并不感兴趣，而是喜欢、追随、效仿他们有“问题”时的样子，这些孩子看了节目后不喜欢学习了，或者希望进演艺圈了。

皓雯，其实谁也不可能复制别人的人生，努力学习是对自己的人生负责，而不是做给谁看的。

永远爱你的：丽珊老师

同伴导师轩哥观点

在学习这方面，有人靠聪慧，有人靠勤奋，你是后者，现在你又把勤奋抛弃了，那岂不是什么都没有了？升入初中之后，学习的内容与方法和小学有很大差异，无论是谁都需要一个适应的过程。至于学习时间长短的问题，也许你是适应比较慢的那个，但是总会适应的，这是一个从量变到质变的过程，那时候你就会有茅塞顿开的感觉，也就不会那么吃力了。当然了，现在我们可以用一些办法来让适应过程缩短，例如找一个家教，多多刷题找感觉，多向老师求教，多思考解题过程与方法等。在这个阶段，不要在意别人对你的评价或者别人的学习状态，你现在是20多名，有一半的人不如你，你有什么可怕的呢？而所谓的学习的4个境界，也是调侃出来娱乐大众的事，不要过多地在意和对号入座。《变形计》终究是电视节目，不能依靠它实现你的人生目标。另外，那些成为网红的孩子们都经过包装，为了成名也需要付出很多，其中就包括舆论压力，他们面临的社会舆论压力比你现在面临的同学议论严重得多，这可不是一般人所能承受的。所以踏踏实实走自己的路才是最好的。现在你要重拾自己的勤奋，回到学习的正轨上。古人云“天道酬勤”，相信你终有一天会达到“学霸”乃至“学神”的高度！

智慧点拨

不同的学习方法收获不同的学习内容存储率。学习包括被动学习和主动学习两大类，被动学习的3种形式对知识的存储率包括：听讲为5%，阅读为10%，看老师演示则能达到30%。主动学习3个方法能够存储知识的比例分别为：讨论50%、实践75%，给他人讲授可以达到90%。

由此我们得出结论：与同学分享是最高效的学习方法，如果在班里建立学习同盟，会收获事半功倍的效果。

重点班，与“学霸”为伍的日子不好过

Q：只有进重点班，高考才有保障。我很担心中考会失利，那样的话一切希望就成泡影了。

A：科学高效的学习方法，百折不挠的学习品质，乐观从容的处世态度是重点班学生的“标配”。

丽珊老师：

我是省一中的初三重点班女生，在班上50人中处于中下游，全年级有1300多名学生，我正常发挥只能考200多名，每天和“学霸”为伍的日子让我忧心忡忡。我渴望考进母校高中的理科班，如果那样高考时就有望考上一流大学了，那就需要考进前100名，但一直没能如愿，努力了看不到明显效果，相反有时越想考好越糟糕，上次月考前就一直胃疼，休息了两天，结果考了班里倒数第5名，年级435名。

我最近的各科小测验也考得很不好，原来只有大考前一天晚上睡不着，现在每次小测验前一天也睡不着了，学校的心理老师说这种情况属于典型的考试焦虑。我妈妈特别心疼我，认为我不聪明，只是从小就比较好强，一直努力学习而已。小时候妈妈的确逼我考第一，告诉我，人们只能记住第一，没有人会记得第二。妈妈的教育的确让我自强不息，但看到现

在的状态，妈妈担心我精神会崩溃，就改变策略总是告诉我，千万别太把考试当回事，只要考进母校的普通班就可以了。我理性地给妈妈分析，重点班安排的老师都是好的，只要跟住了老师就能考上一流大学，而如果是普通班，师资没有保证，学生的素质和努力学习的程度就不好保证，可能仅仅能够考进一本。重点班和普通班之间的差距会很大的。我每次考试之前，妈妈都安慰我，别着急，别焦虑，别丢三落四的……但好像没有什么明显的效果。

有一段时间我可能是喝咖啡过敏，出现心悸等症状，禁喝咖啡了，症状没有了，但还是常常感到压力大，马上中考了，自己越来越差怎么办？我寻求老师的帮助，班主任说多努力，笨鸟先飞早入林，老师的安慰再一次打击了我，原来老师们早就认定我是笨学生了。昨天晚上，我找化学老师问问题，老师说我心态不好，要调整心态，否则中考肯定考不好。晚上回来我就彻底崩溃了，把书和卷子都撕了，告诉妈妈既然知道自己根本就调整不好状态，既然知道这样下去肯定成绩不好，那就不去学校，不再复习，在家里自生自灭好了。

邢维凤

丽珊老师答疑

亲爱的维凤：

看着你的倾诉，我脑海里一直萦绕一句话：学习虐我千百遍，我待学习如初恋。学校的重点班里聚集了同年级中最优秀的学生，重点班学生在获得最强教师阵容的同时，也要面临巨大的心理挑战。而超强的教师阵容还是变量，教师教学水平是通过学生的成绩来体现的，懂得教育心理学的教师会运用科学的方法，帮助学生遵循记忆的规律来提高成绩。而靠各种强权压迫学生提高成绩的老师也可以交出一份不错的成绩单，但学生的心理感受则冷暖自知了。维凤，你初中在重点班已经如此压抑了，却还对母校高中的重点班痴心不改，这种勇气的确令人佩服。换个角度来说，你适合重点班吗？中考之后，你们学校在全省考生中再掐一轮尖儿。高中的重点班将比初中的重点班竞争还激烈。人生没有必要总是把自己逼到通往顶峰的悬崖边上。

维凤，我们常常听说变压力为动力，于是傻傻地给自己施加压力，觉得松懈了就是错过了挖掘潜能的机会，殊不知，人的心理承受能力是有限度的，一旦超过了极限就会让人陷入极度的焦虑之中，连最基本的能力都无法展示出来。你现在就是这样的状态，明明已经掌握的知识却不能最好地呈现出来，无法得到应得的分数。

维凤，你特别容易被别人暗示，你妈妈让你力争第一，你就认为只有第一才能立足社会；班主任说“笨鸟先飞”，你就认为在班主任心目中自己很“笨”；化学老师说“心态不好中考肯定考不好”，你就认为自己肯定考不好。你凡事都看到最悲观的一面，如果这种思维方式不改变，就会让你的抗挫折能力总是面临挑战，这种状态的你更适合做“鸡头”，而不是“凤尾”。

维凤，以后再陷入悲观时，就提醒自己，事情的真相永远比想象的要乐观！我建议你就算在中考中成绩很优秀，也最好进普通班，在普通班你的压力小，能够发挥正常，心情好了，自然会更加全力地投入学习，成绩也会好。在日常咨询中，我见过太多“成就紧张”的孩子，他们因为压力过大而心生无力感，不敢面对压力，甚至出现半途而废的状况。

我也想跟维凤妈妈说两句话，孩子出现考试焦虑之后，你的考前叮嘱本意是给孩子心理支持，实际上却是唤醒了她的所有负面情绪，她重新体会到那种无助的感觉，进入考场，稍微有些感觉不自信就开始“找”那种感觉，“对对，上次就是先有一些混乱了，后来就是大脑一片空白了……”于是就又“像”上次一样，所以跟孩子说话一定要充满正能量！

永远爱你的：丽珊老师

同伴导师轩哥观点

每一次小考都会紧张，那中考的时候肯定会紧张。中考前的考试都是为了让你发现问题而准备的，考得不好应该庆幸，因为发现了很多的问题，让你中考的时候不会再犯同样的错误。另外，平时的小考还会帮助你练习如何调节情绪、如何把控时间等考试技巧，这对你最后的中考很有帮助。虽然你在班里的排名不是很靠前，但是你要看看你在年级的排名。最差时也不过是400多名，后面还有900来人呢，不用太紧张。到了这个阶段，我相信你的知识没有什么太大的问题了，主要是心态的问题，其实没有什么可担心的，最后的结果就是重点班和普通班的区别。如果高二你选择文科的话，高一在哪个班都没有区别了。不要总是暗示自己“我很紧张”，放平心态，学习之余做一些能够让自己放松的事，享受这个过程，相信你一定会战胜焦虑。

智慧点拨

心理暗示是指人接受外界或他人的愿望、观念、情绪、判断、态度影响的心理特点。在日常生活中心理暗示是最常见的心理现象。“心想事成”足以证明心理暗示对人的重要性。如果你乐观开朗，总是想着积极的一面，有信心去接受挑战，周密思考，精准执行，那么就会获得成功，而这个成功无疑会在下一次面对挑战时再次激励你。而如果你悲观，总是想着消极的一面，心存退缩，一旦遇到困难就认定是自己无法解决的问题。而每一次退缩都会在内心形成阴影，对自己解决问题的能力丧失信心。

从小被人夸聪明，中考前我却考成倒数第一

Q：以前大家夸我聪明难道都是骗我的吗？成绩下滑至倒数第一时，我开始怀疑自己了。

A：聪明与否不重要，重要的是静下心来学。

丽珊老师：

我是初三男生，第一次中考模拟之后，我的心情像成绩一样跌落谷底。我从小就被周围成年人夸赞聪明，小升初时没有太努力就考进了重点校，这让我再次确认自己聪明，无须像其他同学那样努力就可以心想事成，考进重点学校。我在初一和初二时根本就紧张不起来，我聪明，小学仅仅努力了半年就考进了同学们都期待考进的重点学校。初三认真学学，进母校高中的重点班肯定没有问题。可初三真的和我想象的完全不一样，尽管我上课听讲了，除了不太写作业之外，我没有其他的纪律问题。可考试时我总觉得时间不够用，不是前紧后松就是前松后紧，顾此失彼，每次考试都很差。我的成绩始终在班里的后面。老师们都说我辜负了自己的聪明，并且学习方法特别落后。我小学时和现在一样呀，也没用什么方法，临考前努力一下就考得不错，但现在就是不灵了。我始终幻想着某一天自己突然间就什么都明白了，但这一天迟迟没有来到，我的成绩已经进入

倒数几名了。我开始怀疑，自己真的聪明吗？为什么成年人骗我呢？“一模”我考了班里的倒数第一，同学们都用异样的目光看我，我不知道应该表现出沮丧还是表现出无所谓，真不知道如何是好。我现在的成绩是无法留在母校了，只能进普通高中，如果那样，就很没面子。我无法适应快节奏的考试，总有答不完题的困惑，答题速度提上去了，正确率又下来了。

丽珊老师，我现在又添了一个新毛病，只要复习资料的字小而且密的话，我不但无法安静地念下去，而且会不可控制地烦躁起来，导致该发挥出水平的数学不但没发挥出来，还成了平均分以下的科目，其他没怎么重视的科目反而能按正常水平发挥……丽珊老师，我现在一片茫然，难道学习真的需要方法吗？如果我现在开始调整学习方法还来得及吗？

费杰鑫

丽珊老师答疑

亲爱的杰鑫：

许多成年人把夸孩子聪明作为与孩子沟通感情或提高孩子自信心的技巧，孩子都爱听。但这是一个坏习惯。年龄小的孩子缺乏自我认知能力，他会把别人对自己的评价当作自我定义的最重要依据，认为自己就是聪明的。没有系统地测试过智商，怎么就能判断你聪明呢？就算测过智商，影响学习的因素还有许多，只要其中一个方面没有达到都可能影响获得好成绩。

杰鑫，你现在的一切问题都是因为平时练题少，一般自诩聪明的学生往往都是手懒，他们满足于上课“听懂”，享受和老师之间的愉快互动，却对安静地做题没有兴趣。小学时本身知识点少，难度又有限，所以努力半年意味着在一定程度上可以“穷尽”所有题型。但初中的知识点多了，难度相对小学也提高了很多，没有充分的做题量支撑，就会有手生的感觉。经常做题的学生会产生“题感”，看到题目后会条件反射，自动生成思路，快速反应。而练题少的学生则需要先明确这个题目是考哪个知识点和相关的公式，然后才开始组装。这个过程就相当于全机械化、自动化和纯手工工艺之间的劳动效率之比。另外，因为你平时练题少，所以对自己的做题速度没有任何的感知，每次考试就像脚踩西瓜皮，溜到哪里算哪里。

杰鑫，中考试卷都是标准化的，你按照考试时间，根据分数和题型细化一下每个题目的时间，比如数学的选择题一道只能给2分钟，那么你现在做题时就严格控制时间，超过2分钟没有做出来就说明你知识掌握的熟练程度不支撑你在中考中获得此分数，所以，这道题就可以归于不会了。这样做的最大好处是在平时就训练了自己的做题速度。

杰鑫，现在的名次让你对知识有了恐惧感，而对自己能否做出来没有任何的信心，这种状态又干扰了你考试时的心理环境，出现焦虑。不要再想是不是“聪明”，这个不重要，重要的是你得静下心来努力学习，多多练题，提高知识的辨识能力和应用能力。

永远爱你的：丽珊老师

同伴导师轩哥观点

通过你小升初的经历可以看出你真的很聪明，但是初中与小学的知识结构完全不同，所以你在初中得付出更多才能达到你小学的名次水平，当然了，这些内容也不是多难，相信你可以搞定。现在你得放下“自己是不是聪明”这个包袱，一心一意地去学习。你对知识不是不会，而是不熟练，所以出现了考试时做题正确率下降、时间不够用的情况，你要加强这些方面的训练，把平常的每一次作业都当作考试，在规定的时间内完成，然后把出错的地方找出来。你很擅长数学，数学好的人都是聪明人，所以这是你证明自己聪明的一门课，也是你最看重的一门课。但是压力太大让你无法发挥自己真正的水平。给你的建议是，心平气和地去对待数学考试，把它当作你的伙伴，发挥自己的真实水平就好，相信你一定会证明自己的聪明才智。

智慧点拨

影响一个人学习效果的因素包括外部因素和内部因素。外部因素包括家庭、学校和社会；内部因素包括智力水平、自我形象、学习动机、学习方法和意志品质。聪明与学习成绩之间没有必然联系，它仅仅是影响学习成绩的诸多因素中的一个。很多从小被成年人夸奖“聪明”的孩子会误认为可以不努力，由此弱化了学习动机，不积极探索学习方法，更谈不上意志品质的锻炼。而学习能力是指单位时间内完成学业的总量，缺乏学习能力的人自然无法收获好的考试成绩。

“天道酬勤”骗人，不努力的同学名次可好了

Q：我努力学，但成绩和努力不匹配。相反，那些平时不努力的同学，成绩却在不断提高。

A：每个学生之间没有可比性，做最好的自己就足够了。

丽珊老师：

中考前的“一模”成绩仅够二流学校的分数线，我整个人都不好了，觉得自己就像一个火药库，随时都要爆炸。令人烦心的事情很多，我是转学来这所学校的，跟周围同学的关系很一般。我特别看不惯那些家境优越的孩子，他们多是纪律散漫、成天炫富，估计在他们眼里我也是个怪物。最烦的当然是学习，尽管我觉得自己很努力了，但成绩和付出的努力完全不匹配，名次也越来越靠后。

很奇怪的是，我发现，那些平时调皮的、不念书的同学，他们的成绩却在不断地提高。真让人不明白，为什么他们天天上课不认真听讲，从他们的言谈话语中能够感受到他们回家也不怎么复习，但为什么他们的成绩就能提高呢？难道是自己变笨了吗？我后悔当初同意父母把自己转学到这里，也许我根本就不属于这里，这里的人对我冷冰冰的。我都不知道未来会怎么样。如果成绩下降了，留在这里还有什么意义？

尚雯雯

丽珊老师答疑

亲爱的雯雯：

你的这种感觉在初三冲刺阶段并不少见。许多踏实念书的同学在初始年级成绩会名列前茅，但这并不能说明他的学习能力就一定比其他同学强，因为有些学生在初始年级根本就不好好念书。进入毕业年级，所有学生都努力了，那些踏实肯学但学习方法不够科学的学生就会面临被超越的可能。而此时如果能够心态平和，积极调整学习方法，寻求任课老师的帮助，则会在改善学习方法的同时提高学习能力。但如果患得患失、怨天尤人则会陷入负面情绪，成绩会越落越多。

雯雯，抓紧找各位任课老师进行沟通，告诉他们你是怎么学的，看看你的漏洞或方法欠缺在哪里。当然我要给你打好预防针，可能你第一次去找，老师不一定能够接待你，你千万别多想，临近中考老师有太多的事情，你主动和老师约一下交流的时间。

雯雯，那些上课不怎么听讲的学生为什么成绩反而提高了呢？他们有两种情况，一是在外面上课外班或者一对一家教了，晚上挑灯夜战，白天精神涣散，用和老师接下茬儿来提神；二是属于“学神”，他们的学习力强，知识迁移能力强，一点就通。每个学生之间都没有任何可比性，做最好的自己就足够了。

永远爱你的：丽珊老师

同伴导师轩哥观点

虽然你不喜欢这个环境，但这个环境或许可以让你得到更好地成长，所以努力适应它吧。关于同学的问题，他们在你眼中可能是一些学习不好的人，但是学习不好也分很多种情况，有努力但成绩不好的，有很聪明但不努力成绩不好的，有学习不好但会突然开窍的等，后两者都有可能成为不努力学习但是成绩提高的类型。当然，成绩很差的时候提高很容易，成绩很好的时候提高的空间小所以反而难，这你也应该知道。另外还有他们主场作战，没有心理负担，对于客场作战的你的确是有心理负担。所以你现在就得去适应这个环境，不要去管别人如何如何，只要你发挥出过去的水平，你就赢了。每个人身上都有自己的闪光点，不要戴有色眼镜去看别人，善待他人的同时也是善待你自己。把这里当作你的家，发自内心地爱上这里，恢复你原有的状态，你就可以收获理想的成绩。

智慧点拨

人进入全新环境之后，会有不同的心理模式，第一种是全盘肯定新环境，否定原来的环境，这样就会陷入自卑和盲从，处于被同化的状态；第二种是全盘否定新环境，固执于原来的环境，这样就会难以融入新环境，处于狂躁的状态；第三种是既肯定原来的环境，又肯定新环境，博采两个环境之长，这叫融合。

过分担心就是诅咒，我具备考试焦虑的所有症状了

Q：自从妈妈跟我说了那些因考试焦虑而失利的案例后，我真的开始考试焦虑了。

A：消极暗示会一步一步预言失败，放弃消极言论是自我改善的第一步。

丽珊老师：

我妈妈把培养我当作人生最重要的事业，她在网上加了很多的妈妈群，在我学龄前她就已经收集了许多有效的学习方法，了解孩子会遇到什么样的学习问题。我刚上小学一年级时，妈妈对于类似孩子进入青春期后会出现哪些逆反，家长应该如何应对等问题常常会发表长篇大论，俨然一个教育专家，对孩子成长的事情说得头头是道。

自从我升入初一，妈妈就开始唠叨考试焦虑对于学生来讲多么可怕，妈妈群里有个家长的孩子本来可以考入市重点，因为考试焦虑，结果仅仅进了普通学校；还有个家长的孩子因为考试焦虑不敢参加考试，已经辍学在家了……然后妈妈就追问我是否有过考试焦虑的感觉，千叮咛万嘱咐我千万别犯这个毛病，不然平时学得再好，考不出好成绩就白忙活了。我在妈妈说考试焦虑之前，根本就不知道考试焦虑到底是什么感觉，但自从妈妈说了之后，我就开始紧张，生怕自己也考试焦虑了。尤其妈妈大学同学

的儿子因为考试焦虑造成中考失利，被重点学校淘汰的事情让我连续做了很多天的噩梦，梦中，我坐在中考的考场上，拿到卷子之后，根本就看不清卷子上的字，急得我出了一身汗，眼睛都快被揉瞎了，还是看不见……自此之后，我每次考试都焦虑，明明会做的题在考场上根本做不出来。妈妈得知我考试焦虑之后，又加了考试焦虑妈妈群，每次考试之后，妈妈都问我："你当时有××这种感觉吗？你是不是××这样？"就算这次没有这些感觉，但下一次考试，我肯定就会添上这种新毛病。

我对自己的学习不抱任何希望了，每次考试都会因为紧张而造成单科多失十几分，讲评试卷时老师一说我全都会做。我和妈妈在网上搜集如何消除考试焦虑的方法，也做了很多的放松训练，但都没有效果。妈妈说她要再继续搜集相关的论坛，争取给我找出好的解决方案，但我对妈妈不抱任何希望了。

武弘文

丽珊老师答疑

亲爱的弘文：

你现在的状态的确让我有些担心，不是你现在的心理问题有多严重，而是你从妈妈那里听到了太多同龄人的心理"症状"，这些别人的问题都在潜移默化中植入你的潜意识之中，像埋了一个个定时炸弹，一旦你在成长中遇到困难，就引爆了这些炸弹，在爆炸的过程中又引发周边其他炸弹，呈现泛化的状态。孔子说的"非礼勿视，非礼勿听，非礼勿言，非礼勿动"，意思是不符合礼制规定的，不能看、不能听、不能说、不能动。进入现代社会，我们将意思延展开来，就是对不好的事物不要因为好奇而去接触。你妈妈在无意中给你灌输了太多负面的事情，你随时能对号入座。

弘文，在这个世界上没有完全相同的两个人，每个人在现实生活中遇到的问题或困难都和他之前的成长经历有着密切的关系，你和他没有相同的经历怎么可能会产生同样的心理状态呢？比如有的孩子从小树立超强的成就动机，只有考第一才算成功，他在考场上只要遇到一道不会的题就会紧张；而另一个同学认为只要能跟上大部队就可以，在考场上遇到 2 ～ 3 道不会的题都能够欣然接受。由此可见，每个人对考试成绩的期待不同，产生焦虑的起点也就不同。

弘文，你妈妈是一位尽职尽责的妈妈，生怕因为自己不了解孩子成长中的各种状态，无法给孩子最及时的引领，所以提前“预习”了孩子会出现的问题，这种做法本身就是“预支压力”。也就是说压力还没有来就已经让自己生活在压力的状态下，这种做法不科学也不明智。所以你可以建议妈妈不要再看这些内容了，帮助你选择一些正能量的、励志的东西。

弘文，你说因为考试焦虑而造成每个学科多失10多分，我不好判断你的失分是否与考试焦虑有关，但我可以告诉你，一般学生在考试时的准确率就是不如平时做题。为什么呢？一方面是考试有精准的时间要求，而平时则缺乏时间观念。学习能力是单位时间内完成学习任务的总量，有的同学在家写作业效果很好但考试时“难以”正常发挥就在于此；另一方面考场上的气氛会加重学生的心理负担，如果因害怕分数不满意而分心，患得患失就更会影响试题的正确率。这是普遍现象，并不是你一个人的问题。

弘文，你特别可爱，当自己出现考试焦虑之后，积极寻求解决的方案，但是有的放松方法如果没有专业的心理咨询师指导，很难做到位，自然没有效果。给自己积极的心理暗示是你现在可以帮助自己的有效方案。如果条件允许，可以找熟悉学生心理状态的职业心理咨询师面对面交流一下。

永远爱你的：丽珊老师

同伴导师轩哥观点

这就是传说中的自寻烦恼。我本人属于没心没肺的类型，考试前很少焦虑，然而我初中起开始接触心理咨询案例，担任同伴导师，经常会接触到一些考试焦虑的人和事，于是就开始焦虑了。在考场上，有的时候心跳得特别快，有的时候手心会出冷汗，所以我挺理解你的。但是我也为考试焦虑找到了一些解决办法。我比较喜欢游泳，在周末的时候每天早晨七点半都会准时到达游泳馆，缓解一周以来的疲劳，也可以释放压力，尤其是考前焦虑。适当的体育锻炼，对缓解考试焦虑非常有效。考试当中可以喝点冰水，看一看窗外（别看太长时间），想一想同学的趣事，及时放松心情。此外，因为是你妈妈把自己的焦虑传染给了你，所以你需要跟妈妈认真谈谈，让她知道她现在所做的事情不但没有让你减轻焦虑，反而是在制造焦虑，让她也要做出改变，在生活上给你更多的呵护，让你可以在一个宽松舒适的环境中生活。

智慧点拨

考试焦虑是指因考试压力过大而引发的一系列异常生理、心理现象，包括考前焦虑、临场焦虑及考后焦虑紧张。心理学认为，心理紧张水平与活动效果呈倒“U”形曲线关系。紧张水平过低或过高，都会影响成绩。适度的心理紧张，可以使人对考试有某种激励作用，产生良好的活动效果。但过度紧张则导致考试焦虑，影响考场表现，并波及身心健康。在考试之前，当考生意识到考试对自己具有某种潜在威胁时，就会产生焦虑的心理体验，这是面临高考或中考的学生中普遍而突出的现象。他们怀疑自己的能力，忧虑、紧张、不安、失望、行动刻板、记忆受阻、思维僵化，并伴随一系列的生理变化，血压升高、心率加快、面色变白、皮肤冒汗、呼吸加深加快、大小便增加。这种心理状态持续时间过长会出现坐立不安、食欲不振、睡眠失常等状况，影响身心健康。

由消极心理暗示造成的考试焦虑最好采取心理暗示法消除。每天晚上抽出10分钟进行冥想，考试当天你穿着能够给你带来好运气的衣服，踌躇满志地走进学校，坐在考场里，老师发下试卷之后，你快速地看了一遍试题，发现每道题都很熟悉，于是你胸有成竹地写起来，你听着笔在试卷上欢快书写的声音，心情愉悦。

坚持每天冥想会在你的头脑中留下考试愉悦的划痕，当你真正进入考场，出于自我保护，大脑就会调出这些相关信息，自然就能从容应考了。

高标准、高效率的背后，我上课时只觉得大脑抽筋

Q：临近中考，我却无法正常上课了，一上课我就会头疼欲裂。

A：多与父母、老师沟通，调整当前的高焦虑状态。

丽珊老师：

我头疼欲裂，临近中考，却已经无法正常上课了。我爸爸属于简单粗暴型的家长，平时忙于生意的他基本没有时间与我沟通、交流。他给我制定了成长标准：人品好、学习好、朋友多。我对爸爸既恐惧又敬佩，中专毕业的爸爸靠自己的努力成就了一番事业，我坚信按照爸爸给自己制定的目标成长肯定会有光明的未来。

我从小就觉得小孩子成长的捷径就是听老师的话，几乎所有的老师都提倡“向课堂要效率”，我养成了高效学习的习惯，每节课45分钟我都会全神贯注听讲，希望将老师所讲的内容都刻在脑海里。课堂吸收率高使我写作业相对比较快，利用课间能写多少算多少，晚上回家就累得不行，需要充分放松、休息，所以我在家几乎是不写作业的。我的成绩在初三第一学期快速提高，第一次月考由年级800多名提高到200多名。爸妈被我的成绩所鼓舞，他们认为如果我回家后再写作业的话，就能考进省一中了。200多名的成绩不但没有得到爸妈的表扬，反而被爸妈强令要求必须写作

业，考进前180名进省一中。

我处于极度的压力之中，甚至后悔第一次月考为什么要考成这样，给自己带来更大的压力。第二次月考，我有点考试焦虑，原本考试时就做题慢，这次考试速度更慢了，考试中一直困扰我的问题就是能否做完试卷。结果考到400名左右，爸妈认为我不听话，不认真完成作业，又狠狠地批评了我。第二次月考后，我上课时突然觉得大脑像抽筋一样疼痛难忍，不但无法上课，就算在家也头疼难忍。爸妈带我到全国各地著名医院检查，生怕我长了什么脑瘤。但所有的检查结果都显示没有任何器质性病变，医生都认为我的头疼是由于心理原因造成的。但我和爸妈都不认同医生的判断，因为我平时乐观、开朗，交友广泛，无论到哪里，都会很快结交朋友，根本就不是敏感、忧郁的孩子。但为什么一上课我就头疼欲裂、面色惨白、出虚汗呢？丽珊老师，我到底怎么了？我还能回到学校正常上课吗？

王子豪

丽珊老师答疑

亲爱的子豪：

你的头疼有生理和心理两个方面的原因。中学阶段的学生每小时精神聚焦的时间上限是30分钟，这就是为什么我们每节课45分钟，课堂上既有老师的讲课，又安排师生互动和做练习题的时间，以此保证科学用脑。而你在课堂上的高度集中会超出30分钟的上限，大脑出现抽筋的感觉是正常反应。这种感觉如果没有心理因素的话，下课后就会自行消除。而你持续头疼已经超出了正常范围，的确是由心理因素引起的。子豪，你是尊师重道的好学生，你高度信赖老师，认定了提高课堂吸收率是高效学习方法，但你忽略了课下的练习同样重要。

子豪，人的记忆分为识记、保持和重现3个阶段，课堂听讲完成第一阶段识记的任务，但如果你不能及时加工整理，它会被慢慢遗忘。我用电脑的储存做个比喻，我们听到的每个新知识就相当于一个新文件，如果你图一时方便都放在桌面上，文件少的时候桌面上的文件一目了然，方便提取，这就是你刚学完知识写作业快的原理。但如果你长时间不整理，最先感觉到的就是电脑运行速度慢了，这是造成你考试时总担心做不完题的第一个原因。稍后你会发现因为所有的文件都堆在桌面，找文件时非常不方便。这是造成考试做题慢的第二个原因。怎样才能够把知识很好地储存起来呢？那就是建立分类清晰的文件夹，把知识分门别类地放进文件夹中，需要提取时一目了然，用关键词搜索也很方便。而这就是通过写作业来完成记忆的第二个阶段“保持”。只有识记清楚、保持牢固，才能在重现和运用中熟练起来。子豪，你知道自己在学习上的问题出在哪里了吧？写作业的环节不是可有可无的，不然课上听到的知识难以转化成你自己的，更难以灵活运用。

子豪，造成你现在高焦虑状态的另一个原因就是你没有将内心真实感受告诉父母，他们不知道你在学校时是什么样的学习状态，而能够看到的则是你回家不积极写作业这个“事实”。

子豪，影响学习成绩的因素很多，学习动机、学习态度、学习方法、情绪管理等，哪个方面出现问题都会成为学习成绩进步的阻力。你要团结一切可以团结的力量，多与父母沟通，让他们了解你的真实想法，同时向任课老师求助，请他们根据你对知识掌握的程度，帮着你调整复习的重点和节奏，尽快跟上大部队。

永远爱你的：丽珊老师

同伴导师轩哥观点

头痛的原因或许是对父母批评的恐惧，或许是一次考试发挥失常后造成的心理压力。我觉得你是一个可以为自己制定目标并坚决完成的学生，这很厉害，保持课堂45分钟全神贯注并不容易，此外还能在课间完成作业。我在敬佩之余不免感慨，这样对你来说真的是最高效的方式吗？我认为一个人45分钟都集中精力是很疲惫的一件事，因为在吸收知识的过程中需要思考，从而会产生疲劳，所以需要一定的时间调整休息。但你并没有休息。你刚刚进行了45分钟的知识吸收，却又将课间10分钟都用来写作业，这就造成了下节课的疲惫和上节课的知识消化不完全。另外，作业需要你在一个完整的时间集中训练，像你这样在零碎的时间做，其实达不到作业最好的效果。建议你回家后先复习再写作业，在单位时间内完成。

再来说说你和父母的关系，也许出于对父母的敬畏，你不敢跟他们沟通，但是临近毕业，我们的压力都很大，父母在这时的作用应该是提供各种必要的帮助，而不是批评和惩罚，怎么避免这种情况呢？要及时和他们沟通，将自己的需求和现状讲给他们听，并说明自己希望得到帮助。通过这些改变，你的身体一定可以恢复健康，成绩也一定会继续突飞猛进。

智慧点拨

记忆是大脑系统活动的过程，一般可分为识记、保持和重现3个阶段。识记就是通过感觉器官将外界信息留在脑子里；保持是将识记下来的信息短期或长期地留在脑子里，使其暂时不遗忘或者许久不遗忘；重现，包括两种情况，凡是识记过的事物，当其重新出现在自己面前时，有一种似曾相识的熟悉感，甚至能明确地把它辨认出来，称作再认；凡是识记过的事物不在自己面前，仍能将它呈现出来，称作再现。影响再现效果的因素有：一是对原有材料识记和保持的巩固程度；识记越充分，保持越牢固，再认就越快、越准确，反之则容易发生再认困难或错误；二是时间间隔，识记和再认之间间隔的时间越短，再现的效果越好，这就是需要反复记忆的原因；三是主体的身心状态，人的思维活动越积极主动，再现就越容易。

课外班、一对一无法帮我勇敢走进学校

Q：我把所有的课余时间都用于上课外班，却仍然达不到我想要的学习成绩，我不能接受这种不完美。

A：自主预习＋认真听讲＋完成作业＋总结归纳＝“学霸”

丽珊老师：

升入高一，我经常出现失眠和学习不在状态的情况。我是一个追求完美的学生，心里没底我就不敢参加考试，为此高一我仅参加了期中考试，其他的重大考试我都没有参加，估计学校会让我休学了，但我不想休学。从小到大我一直心无旁骛地努力学习，晚上、周末的时间都被一对一家教或课外班填充满了。我坚信天道酬勤，希望能够考上一流的大学。

初三时我就觉得脑力有点儿跟不上了，尽管我夜以继日地上课外班，最后却只考进了省二中（仅次于省一中，前55%的学生能上一本线），我和父母勉强还能接受这个结局。我暑假继续上衔接班，希望能够赢在起跑线上。但开学之后，我在课堂上几乎听不懂，班上有些同学，老师一讲他们就第一时间反应过来，老师误认为全班同学都会了，所以几乎是不讲基础知识的，一直是拔高。我百思不得其解，我的课余时间都在上课外班，却不能快速反应，他们难道一天不是24小时吗？问题到底出在哪里？我没

有准备充分怎么能考试呢？我不能接受自己不完美的成绩。

我已经很久没有去学校了，父母跟班主任替我请病假，但班主任已经不信了，坚持让我去找学校的心理老师咨询。我才不去呢，如果让同学知道了，我不仅学习成绩不好，再接受心理咨询，我成什么了，还能继续在这个班里待吗？我本来打算在家里安静地把所有课程都补上，以最好的状态走进教室，可周围的人都说这样只能越落越多。而现在最让我纠结的是我在家什么也看不进去。我心乱了，不明白自己一直那么努力，除了学习我什么都不会，为什么到头来学习成绩却这样令我尴尬呢？

翟心玉

丽珊老师答疑

亲爱的心玉：

什么叫学习能力？学习能力指单位时间内完成学习的总量。你已经将所有课外的时间都投入学习中了，但成绩难以达到预期说明什么呢？答案肯定会让你难以接受，但我必须告诉你事情的真相：你的学习能力难以支撑在重点学校名列前茅，如果现在还没有意识到改善学习方法，提高学习能力，未来可能都难以跟上大部队了。我自1991年在耀华中学任教，见过太多的高考状元、百考不倒的“学霸”，这些学生的学习方法各异，但基本都符合下面这个公式：自主预习+认真听讲+完成作业+总结归纳=“学霸”。这是完全符合人的认知发展规律的，如何将别人讲的内容转化成为自己会的，并且能够灵活应用，一定要有充分的思考过程。打个比方，如果一个人的消化系统中摘去胃，他也会像其他人一样按时按顿吃饭，但吃进去的东西没有胃的消化环节，能够留下来的仅是食物从口腔到肛门路途中挂在肠壁上的那一点点，请问人体所必需的养分充足吗？他吃进去的量与获得的养分之间有太大出入了。

心玉，升入高中前的优秀学习成绩误导了你，你认为自己就应该是同学中的佼佼者，由此无法接受自己变“木”了的事实。如果你认真阅读并读懂了我第一自然段所说的，你就要放平心态，合理调整自我期待，改善学习方法。其实每个上过高中的人都会告诉你，高中的考试千变万化，除了人群中前10%的学生能够做到基本心里有底之外，绝大多数人都是抱着尽自己最大努力的心理。你想自己在家把知识彻底弄明白再去上学的想法是完全不现实的。

心玉，我在为学习上遇到困难的学生提供心理支持之前，肯定要询问他是否上过课外班，是否依赖课外班，以此来评估他的学习能力，以及通过心理咨询之后学习成绩能够提升的空间和高度。心玉，我认为你们班主任是认真负责的，她建议你去找学校心理老师是心疼你，希望给你最专业的心理支持，我建议你去和心理老师聊聊。如果你认为学校的心理老师不够专业，或者你不希望周围人知道，你就让父母帮助你寻找懂得学校生态环境、了解学生心理且信誉高的职业心理咨询师，你会在他们的带领下更快地走出现在的状态。

永远爱你的：丽珊老师

同伴导师轩哥观点

与其说你喜欢上完课外班再去上课，不如说你希望去学校上课只是复习一遍你学过的内容。这种习惯我们可以理解为你想运筹帷幄地去上学和参加考试，也可以理解为你并没有掌握上课与考试的正确方式。在我看来，课外班可有可无,但是学校讲课很重要，是你掌握知识的最好途径。学校老师讲课系统、有针对性，对你们更加了解，对于命题方向、知识重点把握得更加准确。纵观各种课外班，老师水平参差不齐，学生的水平同样也是，内容的差距就更大了。由于小学、初中阶段，学习的内容相对简单，这种情况还不明显，到了高中难度增加，一味依靠课外班必然行不通。那么现在你就应该改变依靠课外班学习的方式，改为以学校课堂学习为主的学习方式，课外班可以选择适当地上或者不上。再说考试，学校进行考试的目的有很多，但在我看来，最主要的无非是锻炼学生的考场应变能力，以及检验知识掌握程度。对你来讲考试的分数似乎很重要，但事实上更重要的是掌握知识与锻炼能力，这是只有考试才能做到的，所以你应该珍惜每一次考试的机会。好了，说了这么多，你无非是方向上出现了一些小问题，赶紧调整好吧！

智慧点拨

善于自主学习的学生最具可持续发展的能力。他们主动预习，能够将已有的知识迁移到新的知识中来，找到新知识的重点和难点，在课堂上集中自己的专注度，将不会的知识学会。再通过自主复习将新知识放回已经构建起来的知识框架中来，每节课都是有备而来，有效地调节自己的专注度来吸收课堂知识，课后有针对性地强化复习，并通过归纳知识要点来把新学的知识按照知识的架构放入已有的知识体系中去。因为不上课外班，所以他们自主安排的时间充裕，学习既轻松又收获颇丰。

【本章小结】

学习是一个获得新知、由未知变成已知的过程，本身就是愉悦的。

学习力强的人具有优质的学习品质，能快速地进入学习状态。中学时代与其说学到多少具体的知识，不如说以这些知识作为抓手，增强自己的学习力，这是未来立足社会的核心竞争力。

“读万卷书，行万里路”则告诉我们：读书要涉猎广泛，如果仅仅以掌握课堂知识为目标则显得太过狭隘，“读万卷书”，是博览群书。关于读书，中外先哲有过许多家喻户晓、脍炙人口的箴言：“书犹药也，善读之能够医愚”“读书破万卷，下笔如有神”“书籍是人类进步的阶梯”“生活里没有书籍，就好像没有阳光；智慧里没有书籍，就好像鸟儿没有翅膀”等。这些话都是告诉我们一个道理：开卷有益，读书有益。一个人要想学识渊博，最好的途径就是读书。阅读对人的成长影响是巨大的，一本好书往往能改变人生。

“行万里路”，是实践经验的积累。物有甘苦，尝之者识；道有夷险，履之者知。世上有很多的路，而只有亲身走过的路，心里才最清楚。正所谓实践是检验真理的唯一标准，只有切己体察，身体力行，有了丰富的人生经历之后，人们才领悟了分析和决定，并从中找出一条最适合自己的路，才能把书中的知识转化为潜质和智慧。

“行万里路”，如果一味地走出一万里，而忽略了领略沿途的风景，那么也就很难持续。因此要培养自己的心性，无论在什么样的行走中都要用心去感受和体会风景，使得自己的身心始终处于愉悦之中，不断地开阔视野，丰富人生体验，既有审美之心领略美好，又有勇敢之心面对挑战和艰难困苦。

“读万卷书”和“行万里路”共同构成了完美的人生。如果今天还信奉靠挑灯夜战、头悬梁锥刺股来提高考试的分数就能拥有美好未来的话，则太闭门造车了。抱持在学中玩儿、在玩儿中学、在学中体悟、在体悟中成长的信念，坚持一条可持续发展的学习之路才能屹立不倒！

第七章

我可以成长得更加出色

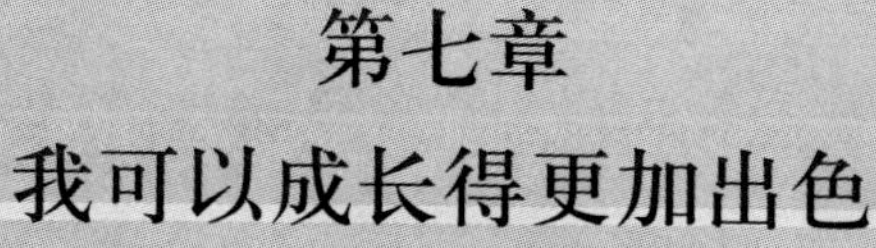

“在集体中如何能够引人关注呢？我做了很多努力，结果却适得其反。”

青春期是一个人心智成长的关键期，在充分了解自己的基础上，明确成长的方向，设计好自我形象，为实现理想营造一个身心愉悦的环境很重要。

我得了学习拖延症

Q：升入高中后我感到很压抑，无法融入班级，患上了严重的拖延症。

A：尽快和同学熟悉起来，然后科学定位自己的学习目标，一步一步来。

丽珊老师：

我从县城到大城市读高一，享受好的教育资源，在初中同学看来我太幸运了，但我一点儿也高兴不起来，反而很压抑，得了拖延症，妈妈对我的状态也特别不满意。初中时我学习成绩在班里始终是前5名，除了对物理稍微有些怵头之外，几乎没有弱势学科。升入初三之后，因为暗恋的男生物理成绩特别好，我也把做物理题变为一种幸福了。可升入高中之后，我的数学和物理成绩都不好了。每天晚上我总是把数学和物理作业放到最后再写，而往往写完其他作业已经很晚了，我就安慰自己，第二天的课间补作业，但到了课间又不想写了。就这样我陷入不写作业、内疚自责、继续不写、继续自责的恶性循环。我的成绩已经在班里非常靠后了，更令我紧张的是心里着急，却迈不开步。

丽珊老师，尽管高中已经上了3个月，但我难以融入现在的班级。我怀念初中的朋友，甚至那些没有怎么说过话的同学想起来都很亲切。高中同学太有心机了，表面上都好像很温和，但心里到底是怎么想的呢？我根本就不知道！3个月了，我白天几乎不说话，盼着晚上回家之后和初中的朋友聊那些已经聊了不知道多少遍的陈年往事。丽珊老师，难道我高中三年就要这样度过吗？

姜娟

丽珊老师答疑

亲爱的姜娟：

进入新环境，每个学生都会面临心理适应问题，你面临的问题属于适应难度比较大的。一方面你是从县城到大城市，区域亚文化的差异比较大，你会有种无所适从的感觉；另一方面你和暗恋的男生分开了，他是你少女梦的一个实实在在的载体，尤其他是你学习弱势学科——物理的动力，但现在难以见面，他还好吗？未来还有机会见面吗？见面后还有当年的青涩感觉吗？此外，你开学3个月还没有和同学融合，在这个集体中你太孤单了，根本就不在状态。

许多家长通过各种努力将孩子送到大城市上学，却忽略了每个孩子在适应新环境方面的能力是不同的，如果适应周期过长，容易引发情绪的巨幅波动，影响学习状态，甚至会产生厌学倾向。所以你一定要把现在的焦虑告诉父母，获得他们的理解和支持。下面丽珊老师再给你些具体的应对方案。

抓紧时间和高中同学熟悉起来，暂时放下你和初中同学的友情，全力以赴地投入观察高中同学、寻觅新朋友的工作中来。开学3个月，许多同学已经彼此熟悉了，有的已经成为朋友，如果你再不抓紧时间和大家认识就会陷入离群的状态，未来两年半都比较难受。你和初中同学保持友情没有时间限制，等寒假回老家再见面叙旧也不晚。

科学定位自己的学习目标，不要给自己施加太大的压力，两个城市的高考压力不一样，老师的教法和学生的学法都会存在很大的差异，你现在一边要从心理上适应新环境，一边还要适应学习方法上的改变，给自己留有余地，一步一步跟上队伍，此时的冒进只能让自己承受更大的压力。

制订作业进度表，每天晚上回家先写弱势学科的作业，但一定要控制好时间，保证完成基础知识，主动放弃你力所不能及的难题，这样既避免浪费很多时间，又避免挫败自己对这个学科的信心。

进入高中后，同学们又长了一岁，心智趋于成熟，他们不会像初中时那样口无遮拦，说话时尽量把事情考虑周全，这是成熟的表现，而不是心机重。进入新环境之后，人们往往都会厚过往，轻当下。你回忆一下，刚升入初中时，你是不是也认为小学的同学更知心，初中同学不好？而现在你会觉得初中同学最好，而不会认为小学同学好，对吗？那么等你升入大学之后，你会怀念高中同学。进入职场后你就会真切地感受到能够不客套、不寒暄就相互支持的往往是高中同学，高中阶段是一个人人生观和世界观形成的关键期，这个阶段的友情是最稳定的。珍惜现在所拥有的一切吧！

永远爱你的：丽珊老师

同伴导师轩哥观点

也许你中考的成绩与你的高中同学相差无几，但是你们的能力见识、兴趣爱好上可能差得太多，这也是你没有融入班集体的主要原因，但这是好的事情，你接触的人层次高了，你的层次才能提高。你现在不能过多地依赖初中同学，这样对你的成长没有好处。你要努力地融入现在的班级，培养自己的能力，你可以参加学生会社团之类的，增加见识，增长知识，再培养一些兴趣爱好。关于拖延症的问题也挺正常的，因为那是不擅长的领域，所以你就不敢去面对它。为了避免拖延症，每天不妨先写数学和物理作业，坚持一段时间，你就会发现没那么难了。数学和物理培养的都是逻辑思维，初始阶段会很困难，只要你慢慢有了感觉，就会游刃有余。当然，你还得多交朋友，有朋友的话，学习也不会那么吃力了，所以首要目标就是锻炼自己、融入班集体。

智慧点拨

进入新环境后，要注意下列问题。

一、充分认识新环境，包括硬环境和软环境。所谓硬环境，既包括学校各个教室、办公室、实验室的位置，也包括任课老师办公桌在办公室的位置，了解这些会让人对新环境有初步的安全感和归属感。软环境包括学校的各项规章制度，避免误犯低级错误，影响自己的形象。

二、充分了解老师，包括老师的个人信息和教学方法，以及他们对学生学习考核的方式和标准，为建立良好的师生关系奠定坚实的基础。

三、全方位了解同学，记住同学的名字、爱好特长，还要注意其忌讳。每个同学身上都有值得我们学习的地方，向同学学习不仅是自身成长的一条途径，也是加强同学关系的润滑剂，同学关系的好坏对适应新环境有重要影响。

四、认识全新的自己，给新环境中的自己一个准确的角色定位，严格要求自己的言行，不做违反纪律的事情，不说不利于集体的话。大胆而适度地表现自己，在学生时代参加一些社会实践活动不仅能够锻炼自己的能力，还会给自己提供获得成就感的机会，同时培养自己的团队精神和人际协调能力。适度地将自己的特长、思想、才干表现出来，选择适当的机会将自己渴望为大家服务、得到锻炼的想法传递给老师和同学。

五、注意细节，小事往往会从侧面展示一个人的综合素养。

珍惜全新的环境，在熟人社会中，每一个新环境都是难得的机会，要对自己以前的行为和公众形象进行盘点，将希望自己改变的内容列出来，一项一项去落实、去改变，使自己在不断完善中走向成熟。

没有进重点班，整个人都不好了

Q：我因一分之差没进重点班，心理落差很大。学习、生活等一切都没有心思，跟同学、老师、家长的关系也很差。

A：因为没有得到，所以重点班在你心中成了完美的代名词。

丽珊老师：

我自升入高一就整个人都不好了，每天到家手机不离手，根本不和父母沟通。如果妈妈硬让我把手机交出来，那一晚上我就不学习了，而且十分生气，把自己锁在屋里不出来。这种情绪有时会持续一周，所以妈妈基本是不敢干预我玩手机的。

我初中也是在这所重点学校，中考仅差一分没有进入重点班，心理落差很大，初中时的好朋友绝大多数都在重点班。每天早上在操场跑步时，我因为在普通班而觉得低人一等，每次年级集会简直就是对我的无情羞辱。重点班从班主任到任课老师都是特别优秀的，每次听到重点班的活动，我就像被电击一样特别不舒服。

妈妈认为我心理有问题，太小心眼儿了，就从侧面开导我，说不了两句我就大喊大叫，认为妈妈站着说话不腰疼，根本就不能体谅我的内心感受。学校举办学科知识竞赛时，我报了数学和英语，没想到数学考场的周围全是重点班的同学，我一下就慌了，这不是自取其辱吗？在这种心理暗示下，我草草地提前交卷逃离考场。

我对班主任意见很大，他的教学水平不高，管理班级不力，同学基本都不努力学习，我认为自己完全进入了一个不适合自己的团体。我拒绝妈妈对我的一切开导，这有什么用呢？最近一段时间以来，我上课总是睡觉，打不起精神来，只想去网吧玩游戏，但我不喜欢网吧里的乌烟瘴气。可回家我也难受，作业写不下去，想看小说或玩游戏妈妈又不让。我不喜欢学校，也不喜欢回家。我就像个孤魂野鬼，无处安顿。静下心来，我对自己的未来也充满了担忧。中考仅差一分与重点班失之交臂，估计到高考时就得和人家差100分、200分……我越想越郁闷，不和同学说话，下课既不愿在教室待，又不愿到楼道或操场去，我不希望见到那些在重点班的初中同学。我真的不敢保证自己会持续在学校里上学。

丽珊老师，我妈妈根本不理解我为什么每天玩手机、不学习，总是唉声叹气。回想初中时我热爱学习的样子，她总是试图说服我，但每次说服都会让我情绪波动很久，我该怎么办呢？

步晓晨

丽珊老师答疑

亲爱的晓晨：

现在你的班主任和同学都是你负面情绪的替罪羊，其实你心里清楚重点班肯定不是样样都好，因为你没有得到，所以在你的心目中重点班就成了完美的代名词。你主观地想象这个班要多好有多好。但据我所知，重点学校的重点班的确是一个虐心的地方，不进则退是对重点班最好的诠释，稍微懈怠就会被甩出去很远。

心航路教育心理机构接待的学生来访者中，70%的人有过优秀生经历。这个数据并不能简单地说优秀生出现心理问题的概率高于普通生，但有3个更重要的因素值得注意：一是孩子成绩好使父母对他们的期待很高，所以更倾向于调动一切力量为孩子的成功保驾护航；二是优秀生具有敏锐的觉察力，更能觉察到负面情绪对学业的拖累，他们常常更善于求助；三是同学间的竞争激烈，自信心始终处于被挑战的状态中。无论真实的原因如何，优秀生由于成绩优秀，表面上，他们会得到来自父母和老师的特殊对待，但实际上，在他们成长的过程中，内心产生的痛苦往往多于其他学生。

晓晨，你现在身处普通班，觉得如果在重点班有好的师资，但教学水平高的老师就一定和你合拍吗？你能适应始终处于你追我赶的状态吗？你现在的各种表现已经使自己在班里陷入边缘化，人与人之间是情绪互动的，你不接受老师和同学，人家接收到你的这种负面情绪，肯定会疏远你；你感受到大家的拒绝，就会更加排斥大家……集体失去你一个人无所谓，但你失去集体就会陷入尴尬和寂寥。

晓晨，抓紧振作起来，这个班给了你问鼎第一的机会，只要你努力，完全可以做成一个“鸡”头，为什么我在“鸡”上加了引号，因为这个“鸡”的确是相对值，你本身在重点学校，和重点班的同学享受很多相同的资源，要怎么利用资源去成长都取决于你自己。

永远爱你的：丽珊老师

同伴导师轩哥观点

你们是重点学校，那么你们的重点班应该说是最优秀的一群人，这种优秀不仅仅是指学习上的优秀，更是各种能力上的优秀，这其中就包括抗挫折能力。欲戴王冠，必承其重，你觉得以你自己的心理调节水平，进入重点班能驾驭得了吗？你现在的颓废只能说明你抗压能力还需提高，所以就算你考上了重点班也不一定心满意足，你这样下去注定是一个失败者。除非你现在积极振作起来，拥有一股不服输的劲儿！中考只差一分，只能说明你运气不好，在知识上与重点班的人没有什么差距。你要通过自己的努力证明你不比他们差，甚至比他们强。如果他们拥有比你更好的师资却考不过你，那么你是不是很厉害呢？你在重点班有很多朋友也是你的优势，你可找他们分享学习的内容，跟他们比较成绩，你要学会利用这些资源。同时，不要跟家人发火，他们在努力地安慰你，帮你想办法，你大吼大叫地回应，这样对吗？所以跟他们积极沟通，寻找家庭的温暖，让自己的心理承受能力更加强大。努力吧少年，放下懦弱、拾起坚强、努力奋斗，3年后在高考考场打败他们！

智慧点拨

新环境对每个学生而言都是挑战。要对新环境做充分的了解，在知己知彼的前提下，重新自我定位。“鸡头”要积极进取，“凤尾”要从容淡定。客观地评估自己前一个学段的得与失，有选择地放弃前一阶段的学习方法，就像水杯只有先清空才能注入新鲜的水。在与新同学的交往中，要学会用欣赏的目光发现同学身上的闪光点，积极主动地与他人交往。

“出国党”就不能做班长吗

Q：为了申请国外大学，我积极参与班级、学校的各种活动，但竞选班长时落选了。

A：班主任选择班长的标准是看其工作动机，是为了班级服务还是仅仅为了自己出国积累业绩。

丽珊老师：

我这一周仅仅去学校3个半天。自从升入高一，我像上了发条一样奔忙于学校的活动和学习，忙得中午都顾不上吃饭，晚上还要与活动相关的各个同学沟通、协调，每天完成作业都已经到了凌晨……结果换回的是班主任的“阴阳怪气”、同学的“背信弃义”、班长的落选。这半年的经历让我“三观”尽毁。

我从小就有很强的成功意识，一直是班主任的得力助手，荣获过“十佳中学生”等荣誉称号。升入高一，班主任得知我的“光辉业绩”后，指派我负责班里的“迎新班会”“创建优秀集体”等活动的筹备。我在认识新学校、熟悉新同学的同时组织活动，难度可想而知。父母也算支持我做这些工作，因为申请国外大学需要高中阶段的这些活动业绩。自从中介告诉我仅仅班内活动还远远不够，必须要参与、组织校级的活动。我又报名参加学生会、社团的活动。为了将班级活动、学校活动、课堂学习和托福成绩兼顾，我每天忙得几乎没有时间吃饭和睡觉。

班主任在期中考试动员班会中指出，学习成绩永远是衡量学生各种能力最有效、可量化的标尺，成绩不好，就算做再多工作也难以胜任班长工作，全班同学无一例外都要努力学习，在期中考试时取得好成绩。我怎么想都觉得班主任这话是针对我的，班长的名头在申请大学中很重要，我希望竞选成功！但如果加入成绩，我真的没有底气，毕竟这半学期我没有专注学习。期中考试时，我出现了严重的考试焦虑，成绩很不理想。我心灰意冷地打算放弃班委竞选，但有些同学鼓励我，说在他们心目中只有我才是真正服众的班长，他们都会选我。我在同学的鼓动下重拾信心，认真地分析了形势，认为除了几位特别内向的女生可能不选我之外，其他同学都会选我，而唱票结果我仅仅得了12票。我看到曾经竭力鼓励我参选的同学也没有选我，我觉得被同学耍弄了。

我找班主任征求意见，班主任说我太过高调摆明自己要出国，并且参与了太多的学生会工作，在同学和老师心目中，我更属于学校，而不是班级。大家更希望选择那些全身心投入班级建设的同学当班长。我看着班主任的嘴一张一合，之前鼓励我筹备班级活动时也是这张嘴，当时说出的都是鼓励和表扬，现在却是……

丽珊老师，我的心凉了，将QQ、微博全删了，我不想和任何人说话，原来每天早早起床的我，现在却成了叫不醒的人。

郭亦为

丽珊老师答疑

亲爱的亦为：

开学这几个月你马不停蹄地做了很多事情，班主任认同你的组织能力、同学表现出对你的追随，你觉得当选班长稳操胜券。大选在即，班主任却修改了游戏规则，学习成绩成为重要考核标准了。你恐慌了，毕竟你在班级工作、学校工作中投入了大量的精力，占用了大量的学习时间，你对考试成绩没有任何信心。班主任将竞选班长和成绩挂钩对你获胜的确很不利。但班主任是为全班负责，而不是只对其中一个学生负责。

亦为，期中考试时，你出现考试焦虑是意料之中的事情。成绩达不到老师的标准使你心灰意冷，决定放弃竞选。但周围同学的鼓励又让你重燃希望，你开始谋划，分析形势，但现实完全超出你的想象，你仅仅得了12票，甚至那些鼓励你参选的“铁粉”也都没选你。这已经不是选票的问题，而是被愚弄的感觉。亦为，你此时感受到心寒也是正常的。你不再喜欢踏进这个教室，不知道如何与那些“愚弄”你的同学面对面。这也是再正常不过的事情了。

亦为，你真的要放弃学业吗？那同学和老师对你的各种猜测就真的应验了，你的心里只有自己，你所做的一切仅仅是为了积累申请国外学校的业绩而已，没有“得逞”就愤然离开。同学们不给一个急功近利的人投票有什么错误？谁也不希望被别人“利用”。

亦为，你知道班主任选择班长的标准是什么吗？就是工作动机，是为了班级服务还是仅仅为了自己的业绩。为班级服务是成长型动机，只要对班级好，他就会团结一切可以团结的同学，克服困难，坚持到底；为了自己的业绩则是枯竭型动机，工作的目的是彰显自己，很难具有团队精神，一旦遇到困难或这项工作的业绩没有足够的分量，就会随时放弃。你说班主任会将班级工作交给这样的学生吗？班主任给了你展示自己的机会，但你表现出对学生会工作的热衷，你的做法无法给班主任和同学足够的安全感。

十多年来，我辅导了很多高中生申请国外的大学，发现中介的话不能全信，有的大学并不像中介所说那么严格，中介只是希望申请的学生业绩越多越好，这样他们就顺利。申请不同排名的大学，准备资料的侧重点是不同的。你要排个时间表，从现在开始到申请最后期限，这些业绩是否可以积累完毕，如果实在不行就早些割舍掉，“与其伤其十指，不如断其一指”就是这个道理。如果申请前100名的学校，你就要专注于考试成绩，适当有些活动即可……建议你最好选择一个值得信赖的出国顾问，而不仅仅是中介，将所有的事情弄明白，有的放矢地准备出国项目，而不是你现在这样眉毛胡子一把抓。

永远爱你的：丽珊老师

同伴导师轩哥观点

“何必呢？”看着你的倾诉，我的脑海里一直浮现这3个字。你所参与的事几乎是一个高中生能够参加的所有事，这肯定会造成你的超负荷运转。试想，你担任了班长，能不能保质保量地完成班级的所有工作？答案是不可能的。所以同学们的选择没有错，老师的选择也没有错，他们需要的是从始至终一心一意为班级服务的人，而不是一两次为班级服务的人。你参加这么多活动，不可能每件事都完成得很好。无论是锻炼能力还是出国，这些事又有多少真的对你有帮助呢？一个人不会凑世界上所有的热闹，这还只是高中，到了大学或者到了社会，机遇会更多，你不可能都去尝试，所以一定要学会取舍，有舍才有得。所以现在你应该把一些没有用的事推掉，把成绩提上来，和同学们搞好关系，这样才能真正收获你想要的东西，不去上学只是逃避，不能解决问题。收拾一下自己，带着微笑回到学校，重新开始新的生活吧！

智慧点拨

高中阶段“出国党”越来越多，他们申请国外的大学，基本上到高一下学期就很难保证全勤了。留学中介会根据学生希望申请大学的排名情况给出一个任务清单，他们要逐个完成。除了托福分数等，还要有社会活动记录，越是申请排名靠前的大学，社会活动要求得越多。这些都要占用大量的时间和精力，连学校的课程都无暇顾及，更别谈班里工作了。所以有经验的班主任往往不会起用“出国党”当班干部。

另外，进入新环境要大胆而谨慎地表现自己，不要在还没有很好地熟悉环境，对老师和同学缺乏基本了解的情况下就贸然地表现自己，将自己置于聚光灯下，同学会发现你的优点，当然缺点也一样会暴露无遗。一旦被否决，就很难改变自己的形象了。

我在班里好像没有存在感

Q：我觉得自己在班里特别没有人缘儿，同学们取笑我、欺负我，甚至语文老师因为大家对我的意见取消了我的期中考试资格。

A：最近一段时间少说少做，多多观察别人如何做，如何拿捏分寸。

丽珊老师：

我觉得自己在班里特别没有人缘儿，全班同学都欺负我、针对我，甚至语文老师取消我参加期中考试的资格也是因为班里同学的意见。

我特别不明白为什么同学们总是取笑我，比如我和几个女生坐在一起，她们专门挑我不知道的或不感兴趣的事情问我，我根本答不出来，觉得她们就是存心捉弄自己。男生也很伤人，有时我主动跟他们说话，他们仅仅敷衍两句，就马上离开。为了提升自己的人气，我经过认真思考，在班里宣布小学的一个男同学向我表白了，原本以为男生们会因为失去身边的“人才”而惋惜，没有想到全班同学爆笑不止，有一个男生竟然说：“那小伙子怎么不戴眼镜好好看看呀？”难道在班里男生心目中，我就真的不值得男生表白吗？我都编好了那个男生的一切信息来应对女生的“八卦”打探，却没有一个人问，我觉得自己在班里毫无存在感和价值感。

我特别羡慕班里人缘儿好的女生，她们其实既不是很漂亮，也不是学习成绩好，总之，她们也很普通。我希望能够和她们成为朋友，从她们那里学到如何为人处世。上周语文进入古文单元，老师说要经常默写，谁如果作弊将取消期中考试的资格。有的同学抱怨老师小题大做，也有的同学认为只是老师吓唬人而已。周三默写时，同桌女生（人缘儿很好）问我如何写，我觉得这是一个向她表忠心的机会，为了给同桌一个准确的答案，我翻开书……当时老师就站在我们身后。老师喊了我的名字。全班同学同时喊："取消期中考试资格！取消！取消！"我委屈极了，为什么就是自己？同学们为什么这么心狠？老师告诉我，其实他不想取消任何一个学生的考试资格，但如果不取消肯定过不了同学们这一关，以后老师的要求也没有威慑力了，我悲催地被取消了资格。

丽珊老师，我不想去学校了，不想进班了，不想再和同学说一句话了，自己并没有做任何伤害别人的事情，为什么落得这样的下场？

范婕鸣

丽珊老师答疑

亲爱的婕鸣：

你是一个善于观察、寻找不足、努力成长的好女孩，只是因为没有找到合适的方法，所以显得有些唐突，造成同学的不理解，但只要有颗勇于成长的心，方法得当就可以获得成长。下面咱们逐一分析。

婕鸣，尽管你认为大家都不喜欢你，还依然和同学们在一起，这是很好的。但你说女生们专门找你不知道的话题来为难你，我觉得是你误解她们了。她们怎么知道哪些是你知道的，哪些是你不知道的呢？她们让你发言本身就是给你存在感，为你融入大家创造条件，如果你不知道完全可以大大方方地说："我还真的不知道这个话题，好好听你们说吧！"这样大家不但不会觉得扫兴，反而会让发言的同学有点儿成就感。

婕鸣，你向全班同学宣布小学男生向你表白，这事有点儿过头了。我理解你是希望通过这件事证明自己的价值，让男生们别小瞧你。但事实上，有没有男生追求对你在同学心目中的价值感没有任何的意义。不会因为有男生追求你，就激发了班里男生对你的兴趣。你看看班里哪个人缘儿好的女生像你这样做事情?

婕呜，中国有句老话“不打勤的，不打懒的，专打不长眼的”。你语文考试作弊就是以身试法。老师公布这个惩戒措施绝不是为了剥夺哪个学生的期中考试资格，而是为了约束学生好好念书。这种惩戒措施是否科学暂且不论，但势必会引起同学们看热闹的心态，他们想看看谁敢作弊，再看看老师是否执行，如何收场。你的作弊激发了同学的兴趣，具体这个人是谁并不重要，重要的是有热闹看了。你的作弊使语文老师陷入尴尬的境地，执行惩罚吧，他个人做不了主，必须请示学校领导；不执行惩罚吧，如何合理地跟学生解释。你要给语文老师写一份深刻的检查，并且在全班朗读，给老师一个台阶，也给自己一个台阶。只是以后千万不要再做这样的事情了!

婕呜，我们分析了这么多，你现在是否发现其实不是同学们针对你，而是你的各种做法太怪异了。最近一段时间你要少说少做，多多观察人缘儿好的女生如何做事情，拿捏好分寸。祝你早日成长起来。

永远爱你的：丽珊老师

同伴导师轩哥观点

你做的事给同学们留下的印象明显让大家不想跟你成为朋友，原因可能有很多。人缘儿一般都会有马太效应，人缘儿越好，就越有人想跟他成为朋友；反之人缘儿越不好的人就越没有朋友，现在你就成了后者，但这些都不是重点，重点在于怎么改变现状。你也做出过一些努力，例如跟大家宣布小学男生跟你表白，这件事不会对你有什么正面影响，男生们不会有你想象的这种“有人跟这个女生表白，我也要”的想法，而女生也绝对不会去找不喜欢的人聊八卦，更何况你说的这件事就像大声宣布“我去年喝过一碗豆浆，还是现磨的”一样，根本不值一提，反而给大家留下了一个你哗众取宠、做作、内心胆怯的印象。默写时作弊被取消期中考试资格也就是情理之中了，而这一切都是由于你没有掌握正确的人际交往方式。

如何改变现状呢？首先确定战略，现在是大部分人不喜欢你，一部分人只是随大流，那么我们现在争取到这部分随大流的人，再去发展他们的朋友，当喜欢你的人数达到全班人数的一半，你就赢了。我们再来说一说战术，为班集体做一些力所能及的事，前提是力所能及，真诚地对待别人、帮助别人；重点是“遵纪守法”。培养自己的兴趣爱好，你和别人才有共同语言。别人聊天的时候听不懂，也可以虚心请教，但不要不懂装懂。这些都是给人留下好印象的方法，掌握这些，相信你会收获好的人缘儿，成为一个阳光女孩！

智慧点拨

每个人在人际交往中会有不同的理念、行为方式，由此形成不同的人际互动。

第一种人：“我好，你也好”，自信、从容，充满正能量，是最让人喜欢的人。

第二种人：“我好，你不好”，自恋、狂傲，对人充满鄙视和挑战，不受人欢迎，短时间内会强化“自信”，但长时间不调整就会被人排斥，发展成为离群孤傲的状态。

第三种人：“我不好，你也不好”，内心充满负能量，悲观、回避、厌世。他们中一部分就是“垃圾人”，在社会上滋事，给周围人带来困扰；另一部分则是沉闷，唉声叹气。

第四种人：“我不好，你好”，自卑、胆怯，处处讨好周围人，因为内心充满委屈，所以积蓄的负能量达到一定程度就会大爆发。

所以，先爱自己，提高自己的各种能力，然后才有能力去爱周围的人。

优秀生就不能有异性朋友吗

Q：为什么别的男生可以谈恋爱，我只是和女生说说话，老师和家长就紧张了，这让我很痛苦，无心学习。

A：老师、家长的做法某种程度上也说明你的举动造成了较大的负面影响。另外别让美好情愫成为心灵负担。

丽珊老师：

我不明白为什么别的男生谈恋爱都没事儿，而我只和一个女生多说点儿话就引来老师的特别关注。马浩淼属于比较“复杂”的女生，自从我们成为同桌以来，我发现她懂得太多了，她是巴萨的球迷，对AJ鞋的款式如数家珍，酷爱美剧，懂得时尚前沿……只要和她聊天就会获得很多新鲜的知识。

我原来只专注于学习，几乎没有和女生说过话，拜班主任所赐，和她成为同桌。我们俩都很喜欢彼此相处的感觉，她买东西时也征求我的意见。我很珍惜这个朋友。她过生日时，我送她一只和真人一样大的大熊，当时被很多人围观，老师们都知道了。

期末开家长会时，班主任和年级组长找我妈妈谈话，说早恋行为会影响我的形象，如果没有什么学业上的追求，老师也不太干预，但如果希望初三获得“校荐”的机会就必须严格按照学校对学生的规范去做事。妈妈认为老师的提醒是对我的爱护，就断然喝止我与马浩淼的交往。我认为交往并没有影响成绩，期末考试数学满分，化学98，物理96，英语91。语文一直是我的弱项，马浩淼语文很好，我认为我们在一起学习能够优势互补。马浩淼成绩不好，接触的人比较杂，曾经谈过几次恋爱，但我不在意这些呀，和她说话挺舒服的。我妈妈请求班主任把我们两人的座位分开了，我特别痛苦，难道就是因为我学习好，老师就像保护大熊猫一样保护我吗？学习好就没有自由了吗？

丽珊老师，最近一段时间我上课根本听不进去，我应该按照妈妈和老师的要求放弃与马浩淼的聊天吗？还是遵从自己内心的呼唤，继续与她聊天？但自从班主任告诉马浩淼父母管住女儿，不要打扰我，免得两个人的学习都受影响后，马浩淼拉黑了我，也不再理我。我心烦意乱，无法安心做事，学习成绩大幅度下滑。我从来没有想到自己在初中三年级会遇到这样的烦心事儿，完全不知所措。

刘学文

丽珊老师答疑

亲爱的学文：

看着你的倾诉，我能感受到你与马浩淼交流的感觉是多么美妙，因为你和别的同学只谈学习，与马浩淼却能谈学习以外的很多事情，她仿佛给你打开了另一扇窗，让你变得大胆，在她过生日时送那么夸张的礼物，引来围观，你看过哪个同学送普通朋友生日礼物能闹出这么大的动静来？为了表达你对她生日的重视，你全然不在乎周围人的感受，这是怎样的疯狂？

一般情况下，遇到这种事情班主任有向父母告知的义务，但年级组长介入比较少见，这既说明年级组长希望你这个好苗子不要被干扰，争取获得“校荐”的机会；也说明你的举动在年级产生了比较大的负面影响。我非常反对老师用分数把学生分成三六九等，这既给学习好的学生施加了压力，仅仅成绩好就被树为同龄人的“榜样”，被老师保护起来；也对学习不好的学生进行了全面否定。可能你曾经一心只读圣贤书，而马浩淼接触的人多，谈过几次恋爱，她在许多方面是给你启蒙了。通过马浩淼，你知道人生充满了各种各样的精彩，你很惊喜；而她也觉得简单的男生很新鲜。但如果你们真正地成为男女朋友，一定都会觉得很累，因为你的见识跟不上她的节奏，而她则会觉得担负着启蒙的任务太过沉重，你们无法在同一个频道上。到那时你们的交往不但不美好，反而会成为心灵的负担。

学文，至于你是否应该继续与她联系，我觉得你应该站在马浩淼的角度考虑一下，一旦你的成绩出现滑坡，她在周围人的眼中就是众矢之的，这对她公平吗？如果你们再持续交往，在一定程度上也挑战了班主任和年级组长，你做好这个心理准备了吗？而你们原本简单的交往一下子承受这么多压力，今后还会美好吗？我想你是一个对自己、对他人都负责任的小伙子，会知道如何做的。丽珊老师祝福你！

永远爱你的：丽珊老师

同伴导师轩哥观点

马浩淼这种女生很有吸引力，她懂得很多，给你带来了前所未有的感觉，尤其是你之前没有太多跟女生接触的经历，无意之中她为你打开通往新世界的大门。你欣喜、迷恋，但忽略了你在她眼中只是个可爱的“小男孩”，在你们的关系中她是主导的一方。换句话说，你的意愿可能并不能左右你们的关系。因此，我并不看好你们的“未来”，正如现在她轻而易举地可以把你拉黑。如果你还想和她继续你们的交往，我认为你现在最重要的是努力提升自己，不仅仅是学习方面，在其他方面也要拥有一技之长，但是不要去迎合她的爱好，你要去做自己真正喜欢的事，那才能展现你的魅力。当然这一切的前提是好好学习，这是目前最重要而且能够马上上手的事情。

智慧点拨

学习成绩优秀的学生可不可以有异性朋友呢？如果是正常的异性朋友，我觉得任何成年人都不会横加干预，通常是超出了正常范围，并且有进一步发展成爱情的可能性才会干预。学习成绩优秀并不能代表这个学生各方面，比如选择力、沟通力、自控力等都优于其他同龄人。这类学生平时专注于学习，缺乏与异性群体的充分交流，一旦遇到“知心”异性则非常容易误认为爱情，并且深陷其中。一旦感情占用了过多的精力，学习上是否还能保证优秀则是一个未知数了。

好朋友突然加入另一社团是背叛吗

Q：我们在同一社团并肩作战，可他突然加入另一社团，我第一次体会到被朋友背叛的痛苦。

A：尊重朋友的选择，好朋友不一定非得为同一个社团效力。

丽珊老师：

我第一次体会到被朋友背叛后的痛苦。我不知道问题到底出在哪里，不知道如何向指导教师解释，更不知道如何面对社团里的学弟学妹。我之前在我们天语社力挺田博文，现在，他却瞬间成了飞翔社的副社长。飞翔社自成立起就开始从天语社挖墙脚，我为此曾和他们进行过严肃的谈判，那次谈判的提纲还是田博文帮助我拟定的。太戏剧化了！现在田博文却成了飞翔社的副社长，主要负责招募新同学和拉赞助，这两项内容对于社团来讲是两条生命线。田博文在天语社就是负责这两项工作，如果他丧心病狂就会把原来的赞助商家直接拉到飞翔社；此外，他有天语社所有高一新生的联系方式……想到这儿，我就不寒而栗。

丽珊老师，我和田博文初中在一个班，当时我们就很合得来，并且都喜欢学校最大的学生社团——天语社，相约高一时一定要加入这个社团。高一时，我们在社团里并肩工作，出色地完成了许多任务，我们之间的合作有太多默契，有时一个眼神对方就能心领神会，不了解内情的同学都认为我们是恋人。我们之间唯一的不同是我在学习和社团之间更看重社团，而田博文更重视学习。田博文明确地告诉我，他只是在学习之余，力所能及地为社团做工作。我理解田博文，不想勉强他。社团选拔接班人时，我是师生公认的团长候选人，至于谁是副团长，当时为了平衡各种相关因素，田博文和另外两个同学面临3选2的局面，指导老师让我跟田博文谈一谈，听听他最真实的想法。田博文给我的回应是：他仅仅想为社团做些工作，并不在意职位。于是他继续担任部长，另两位候选人做了副团长。

上周末，田博文明确告诉我，飞翔社力邀他加盟，他认为自己更适合飞翔社，已经答应担任副团长了。我当时就泪奔了，这是赤裸裸的背叛，对天语社的背叛，对友情的背叛，我不知道如何面对指导教师，如何面对社团其他的成员，更不知道以后怎么面对这个背叛者。

卢迪馨

丽珊老师答疑

亲爱的迪馨：

在你对田博文“叛逃”事件痛心疾首的时候，你想过他也同样担心你们多年的友情就此终结吗？你觉得是他辜负了你，辜负了你们的友情，辜负了你们的社团，辜负了你们共同的理想。其实你的痛苦相比田博文来讲已经延时很久了。早在上学期你一再追问他是不是在意社团职位时，他已经很痛苦了。你仅仅享受和他一起默契配合的工作，却没有静下心来考虑他的内心诉求。他初中时就想参加天语社，高一时和你密切配合，做了许多的工作，他到底追求的是什么，你清楚吗？我想田博文一再表示不在意职位仅仅是不想和你争夺团长的位置，他心甘情愿地担任副团长辅佐你。

你却自以为是地认为他对社团职位什么都不在意，你是粗心呢，还是不能体谅别人呢？也许他的整个暑假都在纠结这件事，但他无法再和你表达什么，因为他认为是自己的话误导了你，并且已经公布的事情是无法改变的。所以当他决定去做兄弟社团副团长时，他还在一步一回头，和自己初中时的梦想告别……

迪馨，可能你现在已经为自己无意中伤害了朋友而泪流满面了，但人生在世仅仅靠感性是解决不了问题的，下面请你理性地回答我几个问题：

1.如果田博文不是你的朋友，根据为社团所作出的贡献，他有资格担任副团长吗？

2.如果你的回答是肯定的，请问你为什么不给他一个平等的竞选机会呢？你为什么听信他不在意职位的话呢？

3.如果你的回答是否定的，请问你为什么认为他去飞翔社做副团长是背叛呢？不想当将军的士兵不是好士兵，既然天语社不需要他当副社长，为什么人家就不能到需要他的社团高就呢？

迪馨，我的步步追问是为了让你理性思考，作为一个社团的干部千万不能将工作和友情混为一谈。既然无缘与田博文在社团中并肩作战，就和他退回到好朋友的位置吧。你要尊重他的选择，并祝福他能够将社团做得更好。根据你对他的描述，我觉得他就算离开了天语社，也不会做出伤害天语社的行为。如果你还不放心，可以和他进行一次交流，将你的担心讲给他听。工作中，你们“各为其主”，私下里，你们依然是好朋友。千万别因为社团的事情影响了你们的友情。

人与人之间的沟通，我们说了什么不重要，对方听到什么才决定沟通的效果。现任团长不断地追问：“你能为社团做多少工作？”对方听到的是：“如果你没有为了社团而舍弃学习的偏执，我们就不选你当副团长啦。”那他还能说什么呢？一个高中生怎么能舍弃学习呢？无论是为了社团、友情抑或是爱情。

永远爱你的：丽珊老师

同伴导师轩哥观点

社团工作可以说是一个人在学生时代的事业，是一个锻炼能力、展示自己的舞台。没有付出太多的人也许无所谓，但是付出很多的人又怎么能不在意职位呢？职位越高影响力就越大，越能体现自己的才华，把自己的想法变为现实。田博文可能更看重学习，但这不代表他不在乎职位高低，尤其是自己的能力很强的情况下。更何况，这件残酷的事是他的好朋友、现任团长的你要求他做出牺牲，你能想象他当时的内心感受吗？这是一种被背叛的感觉，也许他觉得自己本来可以当团长，至少是副团长，现在却只是担任一个部长，这种落差是很难受的。对他来说，此时此刻无论是能力还是人际关系都面临着重大考验，因此他加盟了飞翔社，一来向你们证明自己的能力，二来获得打败你们的机会，所以你应该跟他解释清楚自己的想法，表达歉意。既然职位的问题无法挽回，那么就跟他做竞争对手吧，在良性竞争中你们会获得更好的成长。还有今后要记住，不要伤害自己身边亲近的人，这不但不会体现你的魄力，反而会让你慢慢失去身边的朋友。

智慧点拨

在人际交往中，无论彼此关系多么亲密，都要恪守人际心理界限，不然就会堵塞你倾听的耳朵，不再能感受对方的内心，只是盲目地按照自己的主观想象和逻辑推理去面对问题、处理问题，这就是我们常说的“强势”。无论你的初衷是什么，无论你付出什么，对方感觉到的仅仅是“被剥夺”和压抑。

同学们在我眼皮底下搞“政变”

Q：同学们认为我是班主任的“眼线”，选班委时希望把我换下去。我该怎么渡过这个难关？

A：一方面管理好自己，另一方面分析自己的竞选形势，然后再和班主任好好谈谈，但前提是不要暴露同学们的“政变”。

丽珊老师：

我已经连续一周晚上睡不着觉了，我感受到恐惧和无力，却不知道跟谁说。我是本校初中直升上来的学生，和班主任邱老师特别有缘，初中在邱老师的班里做了3年的班长，和邱老师配合默契。高一时竟然再续师生缘，邱老师自然而然地让我继续当班长。

期中考试后，来自“五湖四海”的同学们已经熟悉了，他们觉得我与邱老师之间关系太密切了。“他肯定是邱老师的‘眼线’，改选时不要选他……”一些同学在写给班主任的周记中表示，可以让更多的同学担任班委，以便更多地给同学服务。不知道学生要搞“政变”内情的邱老师竟然爽快地答应了。目前与我构成直接竞争的是臧文祺，她特别具有煽动性，跟班里一些逃课打球的男生保证，如果她当选了，他们再逃音乐、美术课，她会帮忙打掩护……那些男生在网络空间上不仅诋毁我，还帮臧文祺拉选票。我每天坐在教室里，看着他们就在自己的眼皮底下做着“政变”的准备，却不知道如何制止。

我不敢跟邱老师说，邱老师属于有口无心的人，万一说漏了，就给对方制造了我是“眼线”的口实，别说再当班长，就连继续在这个班混都没有机会了。

丽珊老师，我也不敢跟妈妈说，妈妈本来就不希望我做与学习无关的事情，如果知道了这事肯定会鼓励我让位。我更不敢跟任何同学或朋友说，担心他们没有分寸，把这个话题说到网络上就难以控制了。丽珊老师，我不知道应该怎么渡过这个难关。

徐凯文

丽珊老师答疑

亲爱的凯文：

和班主任邱老师如此有师生缘原本是你的幸运，现在却变成了你的尴尬，你的“身份”的确给同学们太大的想象空间。他们自然而然地把你想象成邱老师的“眼线”，他们在教室里所做的一切一旦被邱老师知道了，你则是泄密“第一嫌疑人”。可为了避嫌就不当班长了吗？这又未免有些因噎废食，毕竟高中阶段能够担任班长可以积累很多的工作经验，为升入大学成为学生干部奠定坚实的基础。可当班长，无论你怎么做都有可能是邱老师反对者的眼中钉、肉中刺。

凯文，目前你要做的第一件事是要管理好自己。你现在有些慌乱了，毕竟他们就在教室里，就在你的身边拉着选票。你不可能熟视无睹，情绪也不可能不受影响。这种状态会让你情绪化，会误犯错误。曾经有一个初中二年级的班长面临和你现在一样的处境，面对竞争对手的各种“贿选”，他根本无法静下心来写作业，改选当天忘了带作业，还有一科没有完成。

班主任恨铁不成钢，请来家长在楼道里对家长说：“这个孩子太不争气了，您如果当着我的面打他，我都不会拦。”家长为了迎合老师，当众打了儿子两巴掌。班主任的举动给处于中立的同学一个明显暗号：班主任已经放弃他了。改选中，小伙子落选了，来找我咨询时已经处于抑郁状态了。凯文，你要从中吸取教训，让自己的各种言行符合规范。

凯文，你要做的第二件事是分析自己的竞选形势，你以支持者、中立者、反对者将同学分类统计，看看你在竞选中能获得多少人的支持。臧文祺的竞选思路只能赢得一些违纪学生的支持，而对于守纪学生不构成任何诱惑，所以她的支持者人数有限。但如果你平时做事过于刻板，是“小班主任”，做过让绝大多数同学反感的事则另当别论。通过臧文祺的挑战，你要认真地反思自己平时的言行和处事方法。

凯文，你要和班主任进行一次深入的交谈，征求一下他对你班长工作的意见，并且虚心听取他对你工作和为人处世的建议。我认为，你们师生都需要重新界定班长的工作职责，并且改善工作方法，毕竟高中阶段的同学更加渴望自主，如果沿袭初中的管理模式肯定会引起同学的厌恶。你也可以透露一下现在班里竞选的动态和他们拉选票的方法和承诺，让班主任做到心中有数。前提是他不能把你们之间的谈话内容泄露出去，不然你不但当不上班长，而且无法再和大家互动了。

凯文，这个经历对你的人生很有意义，“福兮祸所伏，祸兮福所倚”，要用辩证的眼光来看事情，当我们拥有资源时，千万不能认为这个资源就永远是我们的，取之不尽、用之不竭。只有始终保持敬畏心，才能更好地与周围互动。

永远爱你的：丽珊老师

同伴导师轩哥观点

首先你得明确自己要不要做班长，并且考量当班长是否已经成为你的一个负担。如果答案是肯定的，我建议就不要做了，因为班长是一个很需要能力的职位，所以倒不如求一个安心，不做班长了。你的班主任让你做这个班长，也许就是希望用你和他的关系来让你做一个“眼线”，注定了你的悲剧形象，同学们会疏远你，你在班中无法立足。反之，班主任会认为你工作不到位，找别人把你替换掉。既然这样，你不如主动辞职，把这个摊子交给别人，自己可以去做个班委，这样既不扫老师的面子，也和同学们的关系趋于缓和。另外，不要太顾虑同学们的想法，你站在他们的角度上，可以理解大家对于“小间谍”的抵触，而臧文祺正是抓住了这种心理，煽动了同学们的情绪。

现在是时候做出自己的选择了，即使放弃你现在的职位，也不用觉得遗憾，毕竟跟同学的关系更重要。

智慧点拨

在学生时代经历的事情越多，考虑问题的维度自然也就越多，所以遇到事情不用紧张，坦然面对，寻求解决之道，这就是积累经验、提升能力的过程。所以没事儿不找事儿，事儿来了不怕事儿！

【本章小结】

学生时代要培养和提高自己的6种能量：自知力、成长力、学习力、选择力、自控力和沟通力。

所谓自知力，是指一个人的自我觉察能力。通过解读自己的人格类型、兴趣爱好、人生目标、优势和劣势等方面，确定自己到底是怎样的一个人。自知力强的人还善于观察周围的人，给自己在人群中一个准确的定位，制定的人生规划符合实际情况。

所谓成长力，是指一个人持续成长的动机和能量。成长力高的人不会沉溺于过去，而是立足现在，展望未来，他们既不会因为过去的成绩而沾沾自喜，也不会因为过去的失败而止步不前。成长力强的人始终保持热忱，明确前进的方向，勇于行动，善于行动。

所谓学习力，包括学习动力、学习毅力和学习能力三要素。学习力是把知识资源转化为知识资本的能力。学习力不仅包含知识总量，也包含知识质量，即学习者的综合素质、学习效率和学习品质；还包含学习流量，即学习的速度及吸纳和扩充知识的能力；更重要的是知识的增量，即学习成果的创新程度以及学习者把知识转化为价值的程度。学习力强的人具有优质的学习品质，能快速地进入学习状态。

所谓选择力，是对外部环境保持高度敏感，善于收集最新资讯，整合资源、明确方向。在充分了解自己的基础上，秉承顺势而为的原则，在纷杂的选项中遴选出能够将自己的资源和优势最大化的方案。选择力强的人会减少内耗，直奔目标。

所谓自控力，既包括对人生目标的控制，拒绝人云亦云的盲目，具有抵御各种诱惑和纷扰的能力；也包括及时觉察自己的负面情绪，采取有效措施加以控制，自觉地提升情绪管理水平；还包括善于观察周围，与拥有正能量的人成为朋友，有效控制负能量人士对自己的影响程度。

所谓沟通力，是指能够将自己的诉求、愿望和情绪准确地表达给对方，并且得到相应反馈的能力。沟通力强的人可以化干戈为玉帛，与不同类型的人都能达成友好互动。沟通力强为和谐的人际关系奠定基础。

第八章
校园欺凌，有话可以好好说

校园欺凌从另一个角度给我们展现了校园的人际环境。在日常心理咨询中，我既辅导被欺凌的学生，也辅导老师和同学眼中的校园霸王。针对被欺凌的学生，我会带领他们解读引发遭遇欺凌的内在原因，勇敢面对，学会合理求助，同时改善自己的行为方式，实现与更多同学的平等互动。针对校园霸王，我会带领他们追寻施暴的拐点，给他们足够的心理支持，让他们敢于用更积极的方式获得成就感。

我希望撕掉“校园霸王”的标签

Q：我破罐子破摔，课上接茬儿、玩玩具，课间用腿绊同学，课后不写作业……母亲几乎每天都被请到学校，她对我大吼大叫，老人越保护我，她就越愤怒，躲过老人的视线狠狠地打我。

A：过度溺爱的环境造成你在人际交往中缺乏最起码的界限感，误认为所有人都应该满足你的愿望，现实一旦不能满足你，你就会情绪失控，成为集体里的“怪咖”。

丽珊老师：

我上小学时就一直期待着上初中，不是我多么渴望长大，而是我在小学简直太痛苦了。

我人生最幸福的时光是学龄前，姥姥、姥爷、爷爷、奶奶盼星星盼月亮，把我盼来了。父母生我时已经40多岁了，姐姐13岁。为了更好地照顾我，4位老人卖掉原来的房子，买了一栋别墅，加上保姆和父母，7个人围着我转。我那时看到姐姐用什么，我就要什么，大人要求姐姐必须让着我；如果我太过分了，无论谁批评我，都会有人出来袒护我……我无法无天。

我曾去过幼儿园，但不愿受拘束，就退园了。母亲给我报了很多兴趣班，我最喜欢其中的一个外教马克老师，每次见面他都会热情地拍拍我的肩或摸摸我的头。

刚上小学，我就用马克的方式和同学打招呼，同学就跟班主任告状说我打他们，我被罚站、请家长。我把大人买的高档文具带到学校发给同学；美术课用的彩纸，我整包整包地发，同学不要，我就硬塞给他们……当我忘带文具找同学借时，却没人借给我，我特别伤心，索性不打招呼直接拿。一次我把同学的记事本带回家，他没完成作业，说记事本被偷了，大家从我书包里找到了“赃物”，我被贴上了“小偷”的标签。

一个男生把汽车模型带到学校，我简直羡慕死了，找他借，他不但不借给我，还大声说：“你可千万别偷回家呀！”我直接把模型抢过来扔地上摔坏，又狠狠踩烂。那个男生哭得脸涨得通红……我当时根本意识不到同学有多么烦我，同学玩儿我就凑过去，他们不带我，我就给他们捣乱，我玩儿不成谁也别玩儿了……女生跑到女厕所，我冲进去逮她们……

班主任不仅讨厌我，而且对我父母的教育能力也失去了信心，在班里说：“以后你们如果谁和于宗强玩儿，被他欺负，别告诉我，我管不了他，他的家长也管不了他。”

我破罐子破摔，课上接茬儿、玩玩具，课间用腿绊同学，课后不写作业……母亲几乎每天都被请到学校，她对我大吼大叫，老人越保护我，她就越愤怒，躲过老人的视线狠狠地打我。我恨母亲，她从来不认真听我解释，只是一味地嫌我给她丢人了。父亲夹在老人、母亲和我之间不知如何是好，给我起了外号叫“恶霸混球”。

我在学校懒得睁眼，懒得看同学和老师，盼着从黑暗中走出来，却没人帮我。丽珊老师，我升入初中了，想彻底地改变自己，但不知道自己怎么就那样了。麻烦您指导指导我。

于宗强

丽珊老师答疑

亲爱的宗强：

我能体会你小学时期的艰难。你想尽一切方法和同学交朋友，不但无人应和，反而成为你欺凌同学的证据；你渴望得到家长的有效引领，不但没有获得行之有效的方法，反而引发母亲和老人间的矛盾。于是你产生了这样的想法：既然做什么都是错的，那就随心所欲吧！但是在丽珊老师心目中，此时的你特别有智慧，你向我求助，帮你分析一下问题出在哪里，以便在初中时重塑形象。

宗强，你说学龄前是你人生最幸福的时光，其实恰是那段时光给你埋下了日后痛苦的种子，正所谓“祸兮福所倚，福兮祸所伏”。你是家中的二胎，又是男孩，成全了父母儿女双全的梦想，成全了老人传宗接代的传统观念。他们给你营造了虚拟的成长环境，你是他们的掌上明珠，被所有的成年人捧着，姐姐也必须让着你。我特别想抱抱你姐姐，她也是孩子，却要克制自己的诉求满足你。这种成长环境造成了你在人际交往中缺乏最起码的界限感，误认为只要你想得到的就一定能得到。

3岁，对于每个孩子来讲都具有里程碑的意义，上幼儿园是开始社会化的第一步，社会自我意识逐渐形成。你可能看过这样的公益广告：妈妈领着孩子横过马路，孩子拉着妈妈一定要走人行横道线，在幼儿园老师教的歌谣里唱“过马路左右看，要走人行横道线”，只有遵守社会行为规范才会被看成“大人”，成为“大人”是这个年龄孩子的最大梦想。这一阶段是个体接受社会道德规范的关键期，如果接受正确的行为规范、道德意识，将会增强未来进入社会的适应力，少走或免走弯路，减少不被认同的痛苦体验。不上幼儿园使你错过了社会行为规范养成的很多机会，加大了你适应小学生活的难度。

宗强，你和同学交往缺乏分寸感。你喜欢马克老师拍肩或摸头的打招呼方式，于是用在你和同学打招呼中，没想到却被解读为打同学。你把高级文具和彩纸分发给同学，就误认为你也可以分享同学的物品，却被同学拒绝或者被贴上“偷”的标签。你从小想要什么姐姐就必须让给你，误认为只要你想要玩汽车模型，同学就应该立刻给你玩儿。你认为顺理成章的要求不被满足时你就狂躁，你就破坏，踩烂汽车模型、给同学捣乱甚至冲进女厕所。如果参照你的成长经历看这些行为都是可以理解的，但对于老师和同学来说则是完全不能接受的。

宗强，知道了自己的问题成因，我们就说说如何解决这个问题。

首先，请长辈配合，给你营造符合社会规范的人际互动环境。诚如你感受到的，父亲夹在老人、学校和你之间，他不知如何管教你，无奈中给你起了“恶霸混球”的外号，这对你是一种心理暗示，你认同了这个称呼，接纳了这个标签，就“倚混卖混”，形成了低自尊。所以你要认真地请求父亲不要再叫你这个外号了。另外，你要告诉老人们你已经长大了，不要再把你当小孩，要明确各项规则，划定物品的归属，建立界限感。以后如果再想用姐姐的物品一定要征求她的意见，获准后才能用，并且好借好还，在规定的时间完好地还给她。

其次，你对成年人的所作所为要有正确的评价，谁按照社会规范要求你是大爱，包庇和纵容你的错误行为是本能的小爱，你要明确指出来，这样他们就会以统一的标准要求你，避免几位老人“争当老好人”，进一步混淆你的是非观。

再次，初一班里可能会有小学同学，他们对你有刻板印象，说一些不利于你公众形象的话也是正常的，比如“躲着点他，我们小学同学都烦他”。你千万不要争辩，你只要闹起来就证明他说的是对的。你什么话也不说，只要课上遵守纪律，课下不追跑打斗，认真学习，逐渐树立正面的形象。时间长了，新认识你的同学就会认为你小学同学的评价是有失偏颇的。

最后，丽珊老师祝福你能够在新环境树立良好的自我形象！

永远爱你的：丽珊老师

同伴导师轩哥观点

我可以理解你的委屈，刚开学的时候，你已经收起了在家称王称霸的气势，“放下身段”和同学们相处了，同学们却“不知好歹”，辜负了你的良苦用心，无论是你热情地跟同学们打招呼，还是给同学们发文具，大家一点儿都不领情，那么问题到底出在哪里呢？

站在同学的角度，你明白同学们对你的感受吗？同学们不理解你的打招呼方式，而你给他们小礼物的行为从他们的角度来看更像是一种施舍。这些都不是正常人际交往的模式，对于人际交往来说，用心真诚沟通和站在他人角度着想才是正确的方式。不仅同学相处如此，跟家人也应如此，想想你姐姐从小到大的成长环境，你为她带去了多少阴影。现在你升入初中，是一个重新开始的机会，抓住这个机会，开始崭新的人生吧。

智慧点拨

成年人给孩子营造的成长环境与现实反差太大，会造成他们内心缺乏安全感。从行为观点出发，父母是孩子内心的“安全基地”，是他们探索社会环境、发展社会技能、增加与同伴接触的最坚实的力量。安全感强的儿童在父母与自己的互动中，领悟到双方可以明确表达自己的期待，并一定可以获得一致性响应，于是他们将这种互动方式推广到同伴关系之中，每一次良好的沟通效果无疑又强化了他们对人际关系的理解，增强了他们与同伴交往的信心。而安全感不足的儿童，无法在与父母的沟通中建立行之有效的模式，所以在同伴交往中也表现出没有信心、没有方法，阻碍了他们社会化功能的发展。

我被男生欺负得想死

Q：小学时，我监督他学习，他说我丑女多搞怪，给我起了很多侮辱性的外号，撕我卷子、上课给我捣乱……我觉得，只要他成绩提高了，就一定会感激我的。

A：青春期特别在意自己在别人心目中的形象，你不明就里地强行监督他，给他的感觉已经不是帮助他学习，而是在他面前刷优越感。

丽珊老师：

如果我自杀前写遗书说是唐昊翔逼死我的，他会不会被枪毙呢？只要他能被枪毙，我宁可马上就自杀。

我出生时就被诅咒，父母容貌和身材都挺好，我偏偏集合了他们的缺点，长得特别丑。奶奶爱我，把我喂得特别胖。奶奶原来是老师，她告诉我说老师都喜欢学习好的学生，只要学习成绩好，其他什么都不重要。小学阶段我成绩特别好，几乎都是双百，尽管我不爱说话，同学对我都挺友善的。五年级时班主任开展“一帮一”活动，安排我和唐昊翔同桌，让我帮助他学习。他长得挺好看，家里特别有钱，就是不愿学习。为了完成老师交给我的任务，我特别用心，不断思考如何激发他的学习热情，监督他专心听讲、认真完成作业。课间他追跑打斗，我就喊他回来学习；上课他在下面玩手机，我就抢过手机来……他说我丑女多搞怪，给我起了很多侮辱性的外号，撕我卷子、上课给我捣乱……我觉得，只要他成绩提高了，就一定会感激我的。六年级时，他的成绩真的提高了，赶上并超过了我。我当时没有嫉妒而是替他高兴。但他特别恨我，总是当众羞辱我，并以我爱放臭屁、不讲卫生、口臭等理由请班主任把座位调换开。只要哪个男生和我同桌，唐昊翔就说他被我的臭屁熏臭了，不带他玩儿，于是男生都拒绝和我坐同桌。哪个女生同意和我同桌就像是施舍我，有明显的优越感，只要对我稍不满就找班主任换座位，六年级我被换了十几次座位。我不怪任何人，只恨唐昊翔恩将仇报，盼望着升入初中后远离这个人。

万万没想到，初中我们俩竟然又是一个班，并且坐前后座。他将“臭屁精”“毒气战”“丑八怪”这些外号告诉初中同学，男生都跟着他一起叫我外号，因为我丑、胖，女生几乎都不理我。午睡时他把我的辫子和前桌的椅子绑到一起，我醒了抬不起头，慌乱之中揪掉了很多头发；他把我的鞋带绑到他的桌腿上，我一起身，人摔倒了椅子还砸到身上……我就是小丑，全班同学的笑料。为了避免他拴我的头发，我把头发剪短了，他竟然给我起了“黑寡妇”的外号……我家长几次找到学校，学校也请他的家长，但没有任何效果。老师说得最多的一句话是：“他的确令人讨厌，你别理他就行了。”

我每天都在想如何摆脱他的欺负，完全无法静下心来念书，成绩一降再降，已经是班里倒数了。每次大考结束，他都把他和我的成绩公布到小学同学的微信群里，说：“就这成绩，班主任哪只眼睛看出来她能帮我？”他和男生打斗时还总是拿我的笔袋作为武器，扔来扔去，掉到地上，我的笔都被摔坏了。他还用我的书包设路障，把我的书包踢来踢去……除了自杀，我还能有其他的摆脱方案吗？

韩雪婷

丽珊老师答疑

亲爱的雪婷：

你真的太不容易了！你的倾诉真给人一种无解的感觉，你家长找学校了，老师也找唐昊翔的家长了，并没有任何效果，甚至大有愈演愈烈的趋势。班主任的一句“他的确令人讨厌，你别理他就行了”，把你和他之间的冲突定性为他是责任方，但也没有具体的解决方案。现在你有走投无路的感觉，我是完全可以理解的。唐昊翔持续性伤害你的原始动力是什么？我们先分析一下你们两个人各自的心路历程，这样就能找到解决问题的方法。

你说自己长得又胖又丑（但我并不确定，因为你们这个年龄的女孩85%以上都认为自己胖），我就姑且按照你的自我描述来分析吧。在年幼的你心目中，奶奶代表权威，她爱你，你愿意相信她所说的话；她曾是老师，对学校情况非常了解。她告诉你只要学习好一切就都好了。这句话在你心中成了至理名言，也是你努力学习的动力所在。如果我是你奶奶，我会告诉你影响一个人幸福感的因素很多，包括情绪管理、人际交往、沟通能力、学习成绩等，容貌只是在第一印象中起作用，随着相处时间久了容貌的影响力越来越小。因为你笃信奶奶的话，所以你没有认真地与周围人交往，没有和女生建立起比较稳定的友情，对同龄人的所思所想并不了解，这就为你和唐昊翔的不对等关系埋下了隐患。

十一二岁是青春期早期，每个人都通过异性的目光自我确认。五年级班主任推行的“一帮一”活动忽略了这个年龄段人的心理特点，无论让哪个女生帮唐昊翔都会引发他反感，除非是他暗恋的女生，他为获得与人接触的机会而欣喜。你当时不明就里地强行监督他，给他的感觉完全不是帮助他学习，而是拿着鸡毛当令箭，刷价值感和优越感。如果当时你在班里有好朋友，她们可能就会提醒你，学习是他自己的事情，你没有必要过分地监督。这个年龄的人就算被老师或家长密不透风地监督学习都会逆反、厌学，更何况是同学呢？他之后对你的报复行为有多猛烈就说明当初你监督学习给他造成的伤害有多深刻。

六年级时，唐昊翔的成绩提高了，他尝到学习的甜头，腰板硬了，他实施报复的目的就是想告诉所有人，他学习好并不是你监督的功劳，不是班主任“一帮一”活动的功劳，而是他之前不想学习，一旦学习了就会突飞猛进。我在日常的心理咨询中遇到过很多类似的情况，我建议他们在小学阶段就找班主任把问题彻底解决，毕竟解铃还须系铃人，由此消除被帮助者内心的弱势感和由此产生的对帮助者的恨意，这个方案的效果都特别好。

雪婷，你原本以为他成绩提高了会感激你，却不想结了怨。初中的班主任无力帮你，青春期的学生不像小学生那样对老师言听计从。但你家长可以请班主任把你们的座位调开，离得远一点儿，避免他做伤害你的事情。下一步就得靠你自己了。

雪婷，你当初的行为激发了他的弱势感，那现在你要找机会给他点赞，比如他以后再在小学的微信群里发你们的成绩，你就可以在下面说：“小学时我因为胆子小听老师话，知识落实得比较好，成绩稍微好一点儿。到了初中，知识多了、灵活了，就招架不了了。你太优秀了，希望以后能给我一些帮助啊！”他可能还会在群里继续嘲笑你，但无论如何会缓解他对你的怨恨。再比如他在群里说班主任哪只眼睛觉得你比他强，你在下面可以说：“班主任肯定觉得你聪明，有很大潜力，她看好你，让我监督你，回想那时我拿着鸡毛当令箭，刻板地要求你，简直太傻了，多有得罪，请你见谅！”他在小学群里找回了面子，报复的欲望就会减轻。但这些交流仅限于小学班级群里，在初中见面尽量少说话，就算他在群里说

“算啦，过去的事不提了”之类示好的话，你也不要信以为真，因为人与人之间的隔阂需要一段时间才能消除，在群里有舆论压力，他如果不依不饶显得没气度。但在初中班里他没有这种约束感，所以你不要指望你们之间的矛盾会瞬间烟消云散，只是有机会捧捧他。

雪婷，你的当务之急是尽快在班里找寻到适合交往的女生，彻底改善孤立无援的状态。你观察班里所有女生，选择性格温和，和谁都能玩得起来，不说任何人坏话的女生，主动靠近她，和她成为朋友。

祝你能够尽快拥有自己的好朋友，好闺密。

永远爱你的：丽珊老师

同伴导师轩哥观点

你们这段关系刚开始时并不平等，你成绩好，老师喜欢你；而他成绩不如你，老师让你帮助他，于是你站在一个较高的位置。从这个时候开始，你对于他来说，不是同学，不是朋友，而是老师派来监视他的“敌人”，你的种种行为加剧了他的劣势的感受，但是碍于老师的面子，他并不能表现出来什么，可以说那段时间他活得很压抑。等他成绩比你好了，他就开始肆无忌惮地报复。与其说你是因为不好看而被大家一起笑话，不如说你之前并没有一个真正的朋友，这也是你不知道如何处理你和唐昊翔的关系的重要原因。

在学校的生活中，学习并不是全部，随着年龄的增长，人际关系也非常重要。等你们上了初中，他在新的环境中占据了舆论的主导权，而你又不知道如何与他人沟通，再加上你失去了成绩好的保护，所以我可以想象到你的痛苦。

可生活总要继续，不要太消极，我觉得现在有改变一切的机会。首先，改变自己，也许你没有办法改变长相，但是你可以搞好个人卫生，做一个干净清爽的女孩子。其次，真诚对待每一个人，群众的眼睛是雪亮的。只要真诚对待他人，你一定会收获真挚的友谊。最重要的是，关于唐昊翔，也许你不应该再抵触这件事，认真地跟他谈一下，解开你们之间的心结，也许会对你有帮助。

智慧点拨

在人际交往中一定要保持分寸，无论出于什么动机都不要过度卷入，干涉别人的事情往往会以反目收场。给彼此留有空间吧，相信每个人都是自己人生的主人，都会给自己最好的照料。距离产生美，离得越近，彼此误伤的概率就越高。

老师眼中的“祸头”，不敢上学去了

Q：我替同学出头，所有与此事相关的人都把自己撇清了，只有我被贴上校园欺凌的标签，受到学校严厉的处分。

A：凡是不能遵循“你好，我好，世界好”原则的人际关系往往都落得个大难临头各自飞。

丽珊老师：

我是八年级女生，混成了遭万人唾弃的局面。

我觉得混社会特别酷，人缘儿好，校内校外都认识很多人，没人敢惹。七年级军训时我被分配到和八年级混合宿舍，全校闻名的“大姐大”就在这个宿舍，当时我有点儿怵头。没想到“大姐大”对我特别友善，晚上还让我和她睡一张床，她表姐因父母离异而跟奶奶过，初中没毕业就混社会了，赚了很多钱，表姐介绍她认识了许多“社会人”。他们一起去游乐场、打台球、捉弄人……我可羡慕她那样的生活了。

有“大姐大”罩着，我底气特别足。年级哪个女生遇到麻烦都找我出头。八年级上学期，柳梅抢了洪娟的男朋友，洪娟找我帮忙，我晚上拉了讨论组，七八个人一起骂柳梅，还给她发校园欺凌的视频、拿她的头像做各种恶心的表情包；白天在楼道里撞她，在饭堂里把她的托盘撞掉。柳梅不甘示弱，找了学校外面的人和我们约架，我找“大姐大”帮忙招来40个人。柳梅吓坏了，跪地求饶，不再理那个男生了。尽管为了这事洪娟花了不少钱，但她出气了。我在学校更招摇了。过了半个月，我们几个人被叫到德育处，说柳梅被我们欺凌后，抑郁了，已经一周多没有到校上课了，她母亲把我们讨论组里的内容都截屏了，要求学校开除我们，不然到教育局投诉。柳梅太阴险了，她把从外面找人约架，在讨论组里骂我们的话都删了，单看截屏，她就是受气包。我慌了，就跟“大姐大”打听，她说学校不能开除义务教育阶段的未成年人。我悬着的心落地了。

为了表现出不在乎，我在楼道迈着六亲不认的步伐，但没人理我，连那些曾经“求保护”的人也装作没看见我。洪娟的家长找到德育处说我找洪娟要保护费，她和柳梅有点儿小矛盾，只是随便和我说说，我逞能斗狠，把事情弄得这么大，还说我总让洪娟买饮料、买午饭，借她东西不还，等等，在老师心目中洪娟也成了受害者。“大姐大”明确告诉我把所有事儿都扛下来，不要暴露是她帮助招来的“社会人”，更不能说把洪娟的钱都给她了，否则她对我的安全不负责任。整个事件学校只处理了我一个人，严重警告处分留校察看。

丽珊老师，我已经一个来月没有上学了，每天晚上我都睡不着，事情的经过就像过电影一样，我到底哪儿错了？人为什么都这样阴险呢？我睡不着、吃不下，胃疼得我生不如死，已经做了两次胃镜了。一个月了，没有一个同学和我联系过，他们是不是都盼着我死了才好呢？

黄菁一

丽珊老师答疑

亲爱的菁一：

谢谢你对我的信任，不但把事情的完整经过讲给我听，还跟我倾诉了

内心最真实的感受。你现在的处境的确很尴尬，里外都不是人。你不知道自己到底错在哪里了？从你觉得混社会特别酷那一瞬间就埋下了今天尴尬的种子。换言之，你的价值观错了。

青春期有了强烈的成人感，渴望成为自己人生的主人，有的孩子不加分辨地将社会规则和行为规范看成是自己奔向自由的绊脚石。此时一些因为家庭不健全、缺少父母关爱和陪伴的孩子从“社会人”那里获得关爱和纵容，沾染一些不良习气，甚至走向歧途。每一个混社会的孩子原本都是好孩子，只是生活变故，经历太多痛苦，求助无门，用离经叛道做盔甲来抵御来自外界的各种威胁。学姐的表姐因父母离异而和老人一起生活，强烈的被遗弃感使她初中阶段就辍学混社会。尽管他们内心非常羡慕有父母庇护的同龄人，但要竭尽全力地炫耀自己这种生活方式的自由自在。

菁一，因为认识了“大姐大”，你自我膨胀了，你想通过帮同学摆平事情来彰显自己的力量。洪娟给你送来一个展示优越感的机会，你拉讨论组骂柳梅，在楼道撞她，找学姐招人打群架，你收获了排兵布阵、为所欲为的快感。但我要给你普法一下，《治安管理处罚法》第十二条规定：已满十四周岁不满十八周岁的人违反治安管理的，从轻或者减轻处罚；不满十四周岁的人违反治安管理的，不予处罚，但是应当责令其监护人严加管教。《刑法》第十七条规定：已满十六周岁的人犯罪，应当负刑事责任。所有这些都将记录在档案中跟随其一生，属于有前科的人。对未来的人生到底有多大危害不可预知。青少年因为无知所以才无畏。

菁一，你们对柳梅的所有行为已经构成校园欺凌，如果她没有找人约架的话，她母亲可以直接报警，你们就违反治安处罚条例了。她母亲找到学校是保护你们未成年人的方案，如果家长不找学校，你们会闹到什么程度不可想象，那么危害会有多大不好预估。柳梅母亲制止了这个事件的恶化和升级。

菁一，我一直倡导健康的人际交往原则是“你好，我好，世界好”。你和洪娟之间、你和学姐之间的关系都不符合“世界好”这条原则，所以大难临头各自飞。洪娟收获了柳梅服软，但她花了很多钱，她母亲考虑到女儿有错在先，所以没有追究钱的去向，不然如果你要保护学姐，自己扛的话则涉嫌敲诈。学姐一改之前对你怂恿的态度，而是金蝉脱壳，让你自己扛，并恐吓你如果暴露了她，则对你的安全不负责任，你还觉得你们之间有友情吗？

菁一，这件事给你上了一节生动的人生课，所有外因都是通过内因而起作用，如果不是你主观认为混社会酷，你就不会和学姐成为朋友，如果不是有她给你撑腰，洪娟也不会找你平事儿，后面的所有麻烦都不会生成了。你当初用小混混的方法欺凌柳梅，同学们都看在眼里，他们与其说怕你，不如说厌恶和逃避，这就是为什么当你被处分在家之后没有人给你打电话的原因。大家都不愿和你这样的人相处，生怕哪句话得罪你了，你又把对付柳梅的方法用在他们身上。

菁一，痛定思痛，你要修正自己的价值观，做一名符合主流价值观的合格中学生。照照镜子，看看自己的形象是不是符合中学生的标准形象，如果不符合，理理头发，改变人设从改变外在形象开始。抓紧回到学校去，暂时沉寂一段时间，不要再跟洪娟、柳梅和学姐有任何的交流，将所有的精力都投入学习之中，给大家一个重新认识你的机会。

祝福你尽快走出阴霾，开启人生新的篇章！

永远爱你的：丽珊老师

同伴导师轩哥观点

俗话说“枪打出头鸟”，很不幸你成了那只鸟，也许你看那些“混社会”的人很酷，但在你身上体现得不仅不酷，还特别傻。这件事其实自始至终与你一点儿关系都没有，但是所有不好的后果最后都落在你的身上，与其说别人都那么有心计，不如说你是最“傻”的那一个。我觉得你这个年纪有些“混社会”的想法很正常，有着叛逆、渴望自由、不想读书、多交朋友、面子威风等诸多的诉求，外加一些影视、小说作品影响，渴望“混社会”的想法就更加顺理成章了。

你很仗义，为了同学付出很多，换句话说，相比较“混社会”，你更享受跟同学的良好关系，但“混社会”换来的关系并不健康，所以寻求更加健康的人际关系才是真正应该思考的事情。接下来一段时间对你来说可能会很艰难，但这也是静下心来思考人生的一个契机，相信你会找到自己真正想要的。

智慧点拨

趋利避害是人类的本能。不同的人设面临不同的人生体验，也承受不同的心理体验。你以怎样的态度面对人生，人生就会给你怎样的反馈。选择符合社会主流价值观付出的心理成本最低，对自己身心健康最有利。

迷途知返，但真的能回到从前吗

Q：我小学时被同学欺负了都不敢吱声，父亲认为我软弱，强迫我以暴制暴。初中时我成了同学老师眼中的校园恶霸。

A：我们在意识层面否决父亲什么就会在行为上追随他什么，成为令自己厌恶的人。只有接纳了父亲，才能活出自己的人生。

丽珊老师：

我是同学和老师眼中的校园恶霸，但曾经也是一个被同学欺负了都不敢吱声的受气包，“哪里有压迫，哪里就有反抗”，是周围环境把我变成今天的样子。

我从头给您讲吧。从记事起，我就一直认定自己在这个世界的唯一价值就是让爸爸打着玩儿。他工作很忙，几乎不着家，每次见面他总是拉着脸，挑我的毛病，说我蔫头耷脑没有精气神、懒懒散散没有规矩、学习不勤奋成绩不好，还埋怨我妈不会教育……有时我睡得迷迷糊糊，他就打我……小学同学都以为我是单亲家庭，几个男生经常打我，我自知打不过人家，何况人家爸爸放学都来接他们。每次被同学打后回家，爸爸都要再打我一顿，还说：“你这么软弱，长大也是废物。你狠狠地打回去，把他们打得头破血流，我付医药费也高兴……”还击会招来群殴，我不敢。从六年级我就暗下决心，升入初中，我一定要变成施暴者。

初一开学第一天，同桌竟是小学同班欺负过我的同学，他习惯性地过来“盘”我的头。小学被欺凌的景象一下子浮现眼前，我一拳把他鼻子打流血，还把他推倒在地……班主任请家长，我爸表面上道歉，但回家夸我打得好。我爸告诉我胆小的怕胆大的，胆大的怕不要命的。每次打架我都抱定了“你死我活”的信念，打遍年级无敌手。

我多次被逮到警察局，我爸意识到问题的严重性，回家用棍子打我，说要打死我，不然就算养大了也是蹲大牢。我夺过棍子，朝着他的头砸过去……他报警了，还跟班主任说：“我和他断绝父子关系了，随便学校怎么处理他我都不管。”

初三刚开学，我又打同学，新班主任没有像原来班主任那样冲我大喊，也没有把我拉到德育处、请家长……而是用温柔的目光看着我：“孩子，你的拳头打在一个同学的身上，却吓跑了所有同学，你交不到真心的朋友，不孤独吗？孩子，老师知道你原来肯定不是这样的，能告诉我，你经历了什么才变成这样的？”从初一开始打同学以来，我第一次哭了……

丽珊老师，您说我是不是有心理问题呀？我想改变但又有很多的顾虑。我原来打了那么多同学，如果不打他们了，他们会不会合起伙来打我呀？如果以后我再和同学闹矛盾，老师会不会不听我的解释，直接冤枉我呀？我落下许多课，现在老师都不敢管我，如果我不打人了，他们会不会像逼其他同学一样逼我呀？丽珊老师，我真的不想再这样混下去，但想想不混又有很多困难，我很迷茫，您能不能帮帮我呢？

曲伟灏

丽珊老师答疑

亲爱的伟灏：

看了你的倾诉，我有一种强烈的愿望就是把你抱在怀中，你太不容易了。面对许多成长中的问题，我都会跟孩子说，不要把责任推给外界，要从自身找问题，但你走到今天这一步和你父亲有着密切的关系。我不知道你父亲从事什么职业，他日常是个怎样的人。因为不同的社会圈层都有其独特的亚文化，有的亚文化是你儒雅，我比你还儒雅；有的亚文化则是你粗鲁野蛮，我比你还粗鲁野蛮。但无论自己身处什么样的亚文化圈都应该给孩子正向的引导，因为成年人知道法律红线不可逾越，但未成年人一旦被误导是没有底线的。

根据你的描述，我觉得你父亲存在几个问题：一是缺乏对孩子起码的陪伴，无论工作多么繁忙，都要有陪伴孩子的意识和行动，从不接送孩子不是一位负责任的父亲的明智选择，尤其是小学阶段，经常会有些父母离婚、随母亲生活的男孩被同学欺负，同学会认为这样的男孩没有靠山，欺负了也不会反抗。所以父亲偶尔露面会在气势上给孩子助力。二是他的情绪管理能力比较薄弱，经常不在家，和孩子缺乏基础性的沟通，回到家就拉着脸，看孩子哪儿都不顺眼，这种情绪管理和沟通能力会造成他职场压力很大，他又把负性情绪带回家，污染了孩子的心理环境。三是当孩子被同学欺负时不能给孩子正向引领，不反思自己的缺位给孩子带来的负面影响，而是鼓励孩子以暴制暴，误导孩子的成长方向。四是当孩子如他所愿成了校园霸王经常被送到警局，尤其是把拳头打向他时，他应该帮助孩子走出泥潭，但他选择了逃避，要和孩子断绝父子关系。

伟灏，你知道为什么我想要抱抱你了吗？你一直缺乏来自家庭的力量，为了生存你始终在摸索一条适合自己的道路。小学时代，为了避免被群殴，你选择了忍气吞声；初中时代，你觉得可以通过暴力给自己立威，避免继续被欺负；当班主任的爱鼓舞了你，希望重新规划自己的道路时，你来寻求我的帮助，以便选择一条最稳妥、最适合自己的道路。你能够这样独立地选择人生之路是因为你从父亲那里得不到指引，你没有依靠，必须对自己负责。换言之，父亲反向帮助了你，尽管为此你付出的心理成本有点儿大。

伟灏，我全面地分析了父亲对你的影响，不是为了让你将自己成长坎坷的责任推给他，而是要你从他的人生中吸取教训，他不善于表达、缺乏情绪管理能力、暴力倾向和遇事退缩都是与他的成长环境有关的。如果他的环境不是这样，他可能就是完全不同的状态了。在人际关系中我倡导的原则是："我接纳你，但不一定认同你，更不会追随你。"接纳父亲，但不一定认同他这么做是对的，更不能让自己也成为他那样一个暴躁的人。接纳父亲，你的心态会更平和，而不会脑海里总萦绕那句"胆小的怕胆大的，胆大的怕不要命的"。

伟灏，现在你最渴望解决的是如何改变自我形象，如何平稳过渡到温和的状态中，而不陷入被寻仇的境地。你能这么思考很好，说明你是考虑问题比较周全的人，同时也表明了不想重蹈覆辙的决心。首先，如何消除老师和同学心目中所谓的刻板印象。我认为只有你能够持续温和，遇事多听少说，真诚鼓励对方把自己内在诉求讲清楚，才会改善你在别人心目中的印象，中国有句老话是"浪子回头金不换"。只要你持续不打架，老师就会为你的成长而点赞。其次，你大可不必担心被寻仇，因为你改变成为正面形象了，老师的认同就是你最坚实的后盾，邪不压正，你不再招惹他们，他们不会报复你的，并且你的正向又使他们失去了落井下石的机会。

伟灏，在这个世界上最不能辜负的是看好你的人，你幸运地遇到了现在的班主任，你一定不要辜负她呀！

永远爱你的：丽珊老师

同伴导师轩哥观点

我被欺负了，就要打回去，这似乎是最简单、最直接的解决方式。你父亲并不是一个擅长处理这种事情的人，而且他的负面情绪影响了你，造成了现在的情况，貌似仍然没有改变你是受害者的事实。幸运的是，你遇到了一位可以洞察你内心的班主任，这也许就是上天派来拯救你的人，所以一定要抓住这次机会，做回你自己。

你也说了自己有很多的顾虑，这些问题的确存在，但还是要努力尝试着去改变。首先关于同学的态度，当一个“恶霸”改邪归正的时候，有些人会敬而远之，有些人会落井下石，但这就是你需要承受的后果，拿出你的诚意，例如主动承担班里的值日，为同学们分发作业等，向之前被你欺负的同学道歉，用你的诚意打动大家。其次关于老师的态度，我觉得你需要跟每一位老师郑重道歉，并且与老师好好地谈一谈，聊聊你的内心感受，如果不好意思，可以向你的班主任求助，她应该会很乐意帮助你的。最后，正如你当年决定做出改变一样，这一次要大胆向前，做回你自己。

智慧点拨

父亲对男孩有哪些影响呢？在男孩的心目中，“长大后我就成了你”，用在这里再恰当不过了。如果父亲性格暴躁，男孩会惊恐，担心自己也成为一个像父亲一样令人生厌的人。男孩内心对父亲的瞧不起阻断了他与父亲之间的情感链接。我们在意识层面否定父亲什么，常常就会在行为上追随什么，成为令自己厌恶的人。只有接纳了父亲，才能活出自己的人生。

我有抽动症，被所有人厌恶

Q：我活着只是给母亲添麻烦，让别人取笑吗？如果在家啃老，那人生还有什么意义呢？

A：坦然地面对自己的抽动症，尊师重道，严格地遵守学校的各项规定，努力学习，让师生客观地认识这种疾病是你无法自控的，而所有可控的方面都是无可指摘。

丽珊老师：

我是九年级的男生，患有抽动症，经常会出一些怪声影响课堂秩序，被老师和同学厌烦。父亲一直认为我是缺乏自控力、低自尊，用怪声来吸引别人的关注。我在人群中，不能像其他人那样挺直腰板大踏步前进，而是蜷缩在地上爬行，别人依然认为我碍事而踢上几脚。我上学太难受了，但母亲说不上学就找不到工作，我只能忍着，继续上学。丽珊老师，为了方便您对我的指导，我介绍一下发病的过程。

我上小学前开朗活泼，没有任何毛病。小学二年级时因为我总写不好字而被父母训斥，我只要紧张就不自觉地挤眼，慢慢地就整个脸部抽动。在父亲心目中，我不但不虚心认错还挤眉弄眼，就狠狠地抽我脸，我的脸部的抽动变得更严重，当时我只要见到父亲，哪怕他不说话，我都抽动得特别厉害。母亲护着我不让父亲打我，为此他们几乎天天吵架，她经常提醒我别抽动了。无论是母亲善意的提醒还是父亲的暴打，不但没有制止我的抽动，反而越来越严重。

我的抽动行为发展到了学校，开始是只要老师批评我，我就抽动，老师觉得我态度不端正，更严厉地批评我："别挤眼！别做鬼脸！"后来发展成只要老师大声训斥，无论是不是针对我，我都抽动。估计同学也认为我没皮没脸，他们撕我的卷子，折断我的铅笔，谁都不和我坐同桌，我在教室最后的角落里独桌。

母亲带我去过很多医院，吃了很多药，花了很多钱，但没有任何效果。父亲坚持认为我是装的，怪母亲乱花钱。六年级时他又打我，当时我喊了一声，父亲更加猛烈地打我："你如果再出怪声就彻底是怪物了。"真的被他不幸言中了，从那次以后，我只要脸部抽动就会伴随怪声。他无法接受有这样一个儿子就和母亲离婚了。

我不想上学了，但母亲坚持让我上初中，鼓励我未来要自食其力。上了初中，同学认为我是存心给老师捣乱，我说是病，无法自控，同学和老师都不信。我数学特别差，数学老师特别严厉，数学课上我几乎一直在出怪声，老师很生气，就让同学上自习。下课后，同学说我存心捣乱不让老师讲课，扭着我的胳膊把我推出教室摔倒在地，他们踢我、踩我、嘲笑我，全楼道的同学都来围观。他们还把我的书包扔到卫生间的垃圾桶里，我的书被撕烂扔了一地。上课铃响了，他们都进班上课了，我一个人趴在空荡荡的楼道里，彻底绝望了，我活着就是为了给母亲添麻烦、让别人取笑吗？我这种坚持有希望吗？或许我根本就不该来到这个世界。

国子平

丽珊老师答疑

亲爱的子平：

看了你的倾诉，我流泪了，既心疼你的遭遇，也同情无知的施暴者。如果有一天他们知道了你是因为抽动症（妥瑞氏症）而无法自控地抽动和发出声音，并且越紧张情况越严重，自己不但没有帮助你，反而进一步伤害你，他们会内疚和自责的。

我在国外旅行时经常见到抽动症的人从事各行各业，他们会跟客户坦诚地说“我有抽动症”，客户会表示理解和支持。在国内我们见到有抽动症的工作人员比较少，不是我国的发病率低，而是他们早早就退回了家庭或进了社会福利机构，不参与社会生活了。

借这个机会我给你科普一下，此症是法国妥瑞医生于1885年提出的。患儿会有不自主动作，包括抽搐、眨眼睛、噘嘴巴、做鬼脸、脸部扭曲、耸肩膀、摇头晃脑；不自主出声，包括清喉咙、大叫或发出其他怪声。目前没有特效药可以治愈。有些抽动症状成人后会减轻或消失。妥瑞氏症不影响患者的智商，大部分的妥瑞氏症患者都能正常工作和生活。

子平，我建议你看看根据真人真事改编的电影《叫我第一名》，男主人公属于抽动症中最严重的，他在小学的时候也备受指责。升入初中，他幸运地遇到了一位好校长，给他提供了一个机会，让他面对全体同学说明自己患有妥瑞氏症，不可自控，不是存心捣乱，他渴望大家能平等地看待他。通过这件事，他变得更加自信，下定决心自己也要做一名好老师，帮助每一位学生。大学毕业他被24所学校拒绝，终于被第25所学校录用，他用自己的爱心陪伴学生成长，荣获“优秀教师”的称号。

子平，你给我讲述的发病过程逻辑严谨，思路清楚，我觉得你的抽动症不是很严重，而可能是心因性的。二年级因为写不好字而被父母训斥，此时眨眼睛是自我防御机制，希望将父母的关注点转移，而父亲抽你的脸本身固化了你的这一行为。对于一个7岁的孩子来讲，成年人在孩子眼前晃晃拳头都会让孩子很惊恐。你的眨眼成为父亲打你、父母打架的根源，你更加担心自己眨眼，于是这种紧张继续泛化到整个面部，又从家庭发展到学校。而你在抽动时出声又是父亲打你时无意中喊出来，被父亲强化。我觉得你如果能够接受专业治疗，消除恐惧会有很大的改善，和遗传性疾病相比，你具有改善与痊愈的可能性。

子平，你要坦然地接受自己，可以利用课前演讲、作文或学校征文的机会讲一讲《叫我第一名》的故事，给老师同学科普一下这种疾病，消除他们对你的误解，同时你在行为上要更加严格地要求自己，做一名尊师重道、守规矩的好学生；努力学习，不断提高自己的成绩，以便老师同学真正地了解你的病，同时感受到你的自强不息。

子平，你不要怨恨父亲对你的不理解，大多数父亲对孩子的爱都是“因为你可爱，所以我爱你”，是一种类似于公司绩效的方式；而母亲对孩子的爱是“因为你需要爱，所以我爱你”，这也是我们大家称颂母爱伟大的原因。你的情况让父亲觉得自己无法帮你了，所以选择了逃避。你理解他了，就放下了心理包袱，这对于你的康复有特别大的好处。如果你内心对父亲有怨恨，就难以真正地放松，难以有持续的成长力量。

子平，感恩母亲，她也需要你的支持，当她为你的未来而焦虑时，你要给她力量，让她知道你有勇气面对现实，更有勇气面对未来。

永远爱你的：丽珊老师

同伴导师轩哥观点

我高中的时候，有一位同学的情况与你类似，他的面部表情很丰富，而且似乎并不受控，同学们会模仿他的面部表情变化，我不知道他当时的内心感受，但是我们的行为应该也给他带来了许多困扰吧。他拥有很多朋友，我们也没有因为这件事疏远他，可能原因就是他非常积极向上。他有很多兴趣爱好，于是也就有了一群志同道合的朋友，即使毕业之后，大家依旧保持着联系。你一定要积极地面对生活，跟老师解释清楚你的情况，让老师理解你、帮助你。另外，可以培养一些自己的兴趣爱好，一方面通过兴趣爱好去寻找志同道合的朋友，另一方面也可以帮助自己积极面对生活。凤凰经历烈火才能涅槃，相信当你战胜困难之后，一定会拥有更加幸福的人生。

智慧点拨

“我与大家不一样，但我并不比大家差。”接纳自己，热爱自己，遵守规范，我们每个人都会成为被人家认同和尊重的人。

我是同学眼中的“恐怖分子”

Q：女生怎么这么复杂阴险呢？每天都要提防着她用什么手段伤害我，太累了。

A：普通同学关系原本很简单，但经过你母亲不断地给你说戏，加入了爱情、心机、阴谋等元素，就变得扑朔迷离了。

丽珊老师：

我是重点高中的高一男生，因为扬言要伤害同学生命安全而被学校高度关注，每个课间德育处老师都在楼道里巡逻，学校建议我接受心理辅导。

我性格内向，初中时总有男生打我一下，推我一把，还给我起外号，父母告诉我忍着不理他们，少惹麻烦，我几乎不和任何同学说话，尽管成绩是班里前五名，但还是经常被欺负。初三时，一个男生又羞辱我，我忍无可忍，冲着他的脸狠狠打了一拳，他的眼镜碎了，扎了眼睛，差一点点就失明……我在班里被彻底孤立了，并被贴上“怪物”的标签。

父母告诉我市重点学校里的学生素质高，不会欺负人。考上市重点便成为我努力学习的动力，我成功了。整个暑假我都很兴奋，母亲告诉我，重点学校的同学未来进入社会都会很有出息，我在事业上得靠同学的帮衬和提拔，所以一定要多交朋友。

我同桌姬红是一位漂亮女生，老实本分，踏实念书，并且我们俩的名字竟然还那么相似，她简直是老天送给我的礼物。我想自己一定要和她成为最好的朋友。因为太喜欢她了，我课上课下都和她说话。第一次月考姬红考得不理想，就严禁我上课说话，并且说如果以后我上课再说闲话，她就找老师要求换座位。我觉得她讨厌我了，我想主动找老师要求换座位，避免被“抛弃”。母亲鼓励我和女生好好交流，挽留住朋友。

我担心失去这个朋友，就和姬红反复保证课上不再打扰她，但课间她得和我说说话，可她一下课就去教室后排找闺密聊天，明显是躲着我，课上不能说话，课间又逮不着机会和她说话，我特别郁闷，就想利用课间跑操回班的机会向她道歉。我俩跑步位置临近时，我突然一把拽住姬红，请求她的原谅，这种举动无疑破坏了班里的队形，引起恐慌，全年级的同学都看到了。姬红从此对我更加恐惧，她家长找到班主任，要求将我们的座位分开。

母亲责怪姬红小题大做，内心阴毒，严厉禁止我再理她。我开始恐惧姬红了，她会不会像媒体里说的给同学投毒的大学生一样对我下毒手呢？我决定要先下手为强，至少让她知道我不是好惹的，化学课做实验时，我对同学说我要买硫酸泼姬红。

现在全校师生都把我当成恐怖分子，躲着我，防范我会做出什么极端的事情。不知道我母亲怎么分析的，她告诉我说姬红不会给我投毒，她暗恋我，又觉得我特别优秀配不上我，所以竭力丑化我，让其他女生都怕我，这样她就能够得手了……丽珊老师，女生怎么这么复杂阴险呢？现在每天都要提防着她用什么手段伤害我，真是太累了，还不如直接用硫酸泼了她，然后去坐牢简单些。

赫姬梁

丽珊老师答疑

亲爱的姬梁：

看完你的倾诉，我竟然无法抑制地笑了，原本简单得不能再简单的同学关系，经过你母亲不断地给你说戏，加入了爱情、心机、阴谋等元素，就变得扑朔迷离了。在我告诉你怎么办之前，先帮你还原事情的真相吧。

姬梁，通过你的讲述，我觉得你是一个内向、忠厚、本分的男生，你一心只读圣贤书，缺乏人际交往的经验，为此你父母“替代成长”，你言听计从，亲子关系和谐。这种方式短期有利，长期都是弊。短期的利表现在初中阶段你心如止水地学习，成绩优秀，考入重点高中。而弊表现在错失了在与同学交往中逐渐提高人际交往能力，造成你沟通能力严重滞后于实际年龄。你人际交往的基调是退缩、忍耐、突然狂躁。

初中时一些男生看你老实就招惹你，还说羞辱你的话，那时父母建议你逃避，不理他们，你几乎不和任何人说话，这样既错失了与同龄人平等交流的机会，又让那些不尊重你的同学有恃无恐。初三时你实在忍无可忍，直接打了羞辱你的男生的脸，让他猝不及防，打碎了眼镜，差点失明。在人际交往中一旦无底线地忍让，就会让对方误认为你接受他对待你的方式。这个事件本应给你们一家三口敲响警钟，人际交往和情绪管理能力是你的短板，应该用科学的方式提升了。非常遗憾，他们用重点高中学生素质高来进一步强化你的学习动机。

姬梁，你如愿考上了重点高中，暑假时母亲告诉你重点高中的同学未来都有出息，以后进入职场要靠同学的帮衬，一定要多多交往。多与同龄人交往的思路是对的，但因为掺杂了功利色彩而加重了你的紧迫性。同桌姬红人好、漂亮，正是你要交往的人，她仿佛是老天赐予你的礼物，你非常兴奋，恨不得把人家牢牢地攥在手里，但你没有交朋友的经验，上课没完没了地和她说话，影响了她的课堂吸收率。第一次月考成绩不好，姬红明确告诉你以后上课不能说话了，不然就换座位。她这么做是希望在学习和友情之间找到一个平衡点，但你误认为她要和你断交，你不愿面对“被抛弃”的尴尬，于是选择逃避，打算跟老师说换座位。如果母亲能及时觉察你这种想法背后是极度的不安、慌张和恐惧，引导你正确解读姬红的建议就好了，但她仅仅鼓励你要挽留朋友。其实你和姬红是正常的同桌关系，而这个“挽留”加重了你的心理负担。你产生了友情“命悬一线”的紧迫感，抓住一切机会和姬红解释，渴望得到她“不离不弃”的承诺。你的做法像个缺乏安全感的小学生，她无法想象你到底是什么情况，未来还会做出什么样的“惊人”之举。她怕了你，选择换座位是一了百了。

姬梁，你最担心的“被抛弃”的局面还是出现了，你更加惊恐和绝望，母亲为了斩断你对姬红的念想，索性说她小题大做，不是好人，以后别理她了。这句话引起你更大的惊恐，既然姬红是恶毒的人，她会不会加害于我呀？你打算先下手为强，用泼硫酸来震慑她、警告她。你的这种言行引发更大面积的恐慌，于是你成了学校的“安全隐患”。母亲觉察到她的“阴谋”论激起了你的恐慌，为了避免极端事件的发生，她又重新设计了姬红，说她是暗恋你，用这种败坏你名声的方式给你建起防火墙，让其他女生都别再惦记你了。你彻底被说乱了，女生怎么如此心机深重呀？

姬梁，所有一切的复杂都是你和母亲想象出来的，问题特别简单，姬红月考成绩不好肯定被父母批评了，心情沮丧，痛定思痛，觉得上课说话是考试落败的主要原因，所以跟你说以后课上不说话了。如果你能够觉察她的情绪，说一句：“好的，咱们都努力学习！”那就依然还是好同桌。最近一段时间，你就不要主动和姬红说话了，她对你已经有些恐惧了，无论你说什么，她脑海里都只有一个念头——“逃”，无法达成沟通的效果。

具体做法：

1.不对任何人说狠话。

2.不对任何人提姬红。

3.心无旁骛地读书。

4.如果哪天姬红和你说话，你就礼貌应答，依然不要多说话，避免言多语失。

姬梁，将这件事给大家留下的印象交给时间去冲淡吧。现在刚刚是高一年级，建议你系统地学习人际交往和情绪管理的课程，等到你更善于与人交往之后再开始广交朋友吧！

永远爱你的：丽珊老师

同伴导师轩哥观点

你的困惑实际上就是你跟姬红出现了友情危机，但不知道如何解决。无论是之前被欺负的经历，还是跟姬红的这出大戏，都可以看出你不善于人际交往，也没有太多朋友。换句话说，你不知道如何交朋友，也不知道如何与朋友维系关系。对你来说，姬红是一根救命稻草，是你唯一的朋友，于是她变成了你发泄情绪的垃圾桶，但是你为姬红考虑过吗？你在意过人家的感受吗？你能算人家真正的朋友吗？如果有个人天天对你发泄负面情绪，而对你的事毫不关心，相信你一段时间之后也会厌倦吧。姬红现在就处于厌倦的状态，她不止你一位朋友，自然会疏远你而去跟别人玩，再加上你一系列的神操作，对你避而远之也是再正常不过。所以不要想着人家对你会做出什么事情，人家躲你还来不及呢。我觉得你的当务之急是去向姬红道歉，切记要使用正确的方式。现在她不相信你，所以我建议你最好找到班主任把整个过程都讲出来，然后请班主任出面，把姬红也请来，当着班主任的面，你给人家道歉，同时保证你绝对不会伤害人家。另外你要学会正确的人际交往方式，做人不能只为自己着想，还要在意他人的感受，这是一个人的必修课，所以放下奇奇怪怪的念头，去补补这门必修课吧。

智慧点拨

情商（EQ）概念是心理学家戈尔曼提出来的，情商是指一个人的感受、理解、控制、运用和表达自己与他人情感的能力。也就是说，作为一个高情商的人，不仅要感受自己的情绪，还要感受他人的情绪；不仅要理解自己的情绪，还要理解他人的情绪；不仅要调控自己的情绪，还要调控他人的情绪；不仅要运用自己的情绪，还要运用他人的情绪；不仅要表达自己的情绪，还要表达他人的情绪。戈尔曼的研究发现：智商（IQ）和技能决定了你可以做什么事或从事什么职业，而能否获得成功则要看情商。

成功=智商（20%）+情商（60%）+其他（20%）

其他因素包括：家世背景、社会环境、事业领域、个人机遇等。

校园霸王的内心伤痛有谁知

Q：努力学习，被老师奚落；老实本分，祸从天降；听母亲的话，遇到困难就被她嫌弃……我要以暴力回应这个冰冷的世界。

A：你表面上不想成为亡命徒，但我能感受到你内在的渴望是重拾学业、再创辉煌。

丽珊老师：

我是我们学校的“一霸”，我们打架都抄家伙，无论是我流血还是对方流血，我都特别兴奋。我母亲已经被我害得看到陌生电话就浑身发抖，不敢接听，因为陌生电话不是警察让她解决问题，就是让她去医院给“受害者”付医药费。

您能想到我曾经是优秀生吗？小学时，我考双百、通过钢琴8级、做主持人、获得“十佳少年”称号，母亲成了教子明星。我被保送到了全市最好的初中成了她的资本，邀请她做报告的越来越多。一家出版社把她包装成“教育专家”出了书，她放弃原本就不喜欢的会计工作，进军家教领域。初二时我的成绩下滑，母亲每天逼我念书做题，成绩没有明显改善，她就嫌弃我了：“你是不是就盼着让别人戳我脊梁骨呀？”我第一次意识到她不是爱我，而是爱我带给她的荣耀。

初三时我的成绩终于又提高了，考入重点高中。升入高一，学习太难了，曾被老师称为“数学王子”的我真听不懂了。数学老师很严肃地问我：“你学过数学吗？怎么一点儿数学思维都没有？”母亲语重心长地告诉我，我的成绩关乎她的事业和家庭的经济收入，她不关心我的感受，仅仅想到她自己。我在学校不愿意说话，一天中午，我到校外吃饭，被一群混社会的一顿暴揍，打成骨折，后来警局调查是打错人了。躺在病床上我反思：努力学习，被老师奚落；老实本分，祸从天降；听母亲的话，遇到困难就被她嫌弃……

我要改写人生轨迹。病好上学，我先选准几个“招人烦”的调皮同学暴打，树立威信。我在课上大骂看我不顺眼的老师，并恐吓他们不准告诉家长，数学老师被我吓得不敢直视我。全校各个年级“犯贱”的学生都被我打遍了，有些同学主动做我“小弟”求保护，我从校内打到校外。我很膨胀，走在路上看到不懂规矩的小混混也打。我可爽了，特有“成就感”。

前几天，我们一起混的哥们儿约架，我因胃病犯了，疼得在床上打滚，错过了这次群殴，事后得知两个死了，三个被警察通缉在逃……如果我去了非死即伤。这件事让我几天睡不着觉，难道我就当亡命徒了吗？我曾经是“别人家的孩子”，是同龄人中的佼佼者，仅仅是为了报复我母亲，报复老师就变成今天这样了。我想改变，但想收手也不容易，我交了那么多“朋友”，结了那么多仇。丽珊老师，您说我应该怎么办？

魏大巍

丽珊老师答疑

亲爱的大巍：

你小学德、智、体、美全面发展，是最亮的那颗星，被顺利保送到最好的初中，既说明你小学阶段成长顺利，又说明你母亲的家庭教育效果喜人。升入初中，你要续写辉煌，你母亲已经被出版社包装成专家了，她放弃了稳定的会计工作，要以教育专家作为谋生手段了。初二年级你学习上出现困难，让你沮丧焦急，更让你母亲惊恐，你是否优秀是她职业转型最大的风险。你第一次体会到她不是爱你，而是爱你的优秀带给她的成就感和荣耀感。

高一年级数学老师说话有点儿猛："你学过数学吗？"把你初二时的落败感全面唤醒，难道自己江郎才尽了？你内心很恐惧，而此时你母亲语重心长地告诉你，你的成绩关乎她的事业和家庭的经济收入，你更加明确了她不关心你的感受，她只爱自己，你的内心彻底地凉了。被误打是导火线，既然这种世界都是冰冷的，那么我就用暴力还击吧！

大巍，我感觉你成为校园"一霸"的道路有三个原因：一是以此来宣泄对老师的不满，当你成校园霸王之后，没有老师再敢教训你了；二是报复母亲在你遭遇困难时不但没有为你提供心理支持，反而抱怨你使她的"教育专家"公信力受损；三是掩饰你对学业产生的畏难情绪，从小学到中考，尽管初二年级遇到过波折，但总体来讲你对自己的学习能力还是有足够信心的。刚上高一就听不懂数学了，未来还要遭遇多少来自学业上的打击？与其落败，不如把自己的人设及时调整为我懒得学。大巍，你找我求助，表面上是不想成为亡命徒，内在的渴望是重拾学业、再创辉煌。

大巍，你不要怨恨老师的口无遮拦，他了解你的中考成绩，欣赏你的精神风貌，看到你不尽人意的数学成绩，希望用最刺激的话提醒你在数学上投入更多的时间，所谓响鼓还需重锤敲。你在课上大骂老师，老师不直视你不是怕你，而是不忍心看一个好孩子自暴自弃。

大巍，你不要怨恨母亲的焦躁，你在小学时太优秀了，使她习惯了被其他家长艳羡，尤其你被保送到全市最好的初中，她被出版社包装成教子专家，你的优秀成为她创业唯一的无形资产。但她并不知道自己这个选择的风险有多大，没有过硬的教育心理相关专业的知识背景支撑，没有广泛接触学生的机会，没有相关的从业经历，仅仅靠自己孩子小学阶段优秀，基础太薄弱，不堪一击。她失去了稳定的工作和收入，内心十分焦虑，唯一能够让主办单位邀请她，让家长信服的就是她儿子的持续优秀，高中成绩名列前茅，考上一流大学……优秀的学生不是只有你一个，优秀学生家长更是层出不穷，你母亲每天都在思考如何宣传自己获得更多讲座的机会。你的成绩不好对于她来讲无疑是釜底抽薪，她无法控制焦躁的情绪。大巍，此时她哪里还有余力给你心理支持呢？她比你更崩溃。我在咨询中常常提醒家长，孩子的成长是动态的，影响学习成绩的因素很多，我们不能因为孩子获得阶段性成功，就对自己的教育理念和教育方法推崇备至；也不能因为孩子遇到暂时的困难，就否定一切。你要从母亲的职业轨迹中收获一个理念，职业生涯规划很重要，选对了，顺风顺水；选错了，承受巨大的心理压力，且终难获得成功。

大巍，你千万不要对自己的学习能力持质疑态度。高一年级的学业难度与初三相比有大幅度提高，一些在假期没有充分预习的学生都会被打蒙，但只要坚持，有的同学会在期中考试后适应，有的同学通过寒假的查漏补缺后适应。你的确浪费了一段时间，只要你开始静下心来面对学习，寻求老师的帮助，一定会追赶上来的。我有一位学生，他因为要到美国上大学，高一基本就没有学国内的课程，但父母认为他缺乏自我管理能力，转而让他参加中国的高考，高一升高二的暑假他父母帮他找了大学教授，帮他站在更高的角度看待高一的内容，激发了他学习的热情，高二开学就进入了快速道。我坚信你也可以。

大巍，我理解你进入一个暴力圈子，拔脚自然带出泥。你现在越是担心就越要止损，不然只能越陷越深，如果考不上大学，这种暴力则有可能成为常态，你的人生将错就错不知何时是归期了。作为一个高中生必须参加高考，这是“暂时”退出的体面的理由。高考考到外地大学，空间拉大距离，时过境迁，物是人非，你和这个圈子彻底脱钩了。只要你态度坚决，谁也不能强迫你做不想做的事情。

愿你尽快从辅路回归主路，并且进入快速路，成就自己的人生！

永远爱你的：丽珊老师

同伴导师轩哥观点

上天是眷顾你的，让你胃痛躲过了一次灭顶之灾。与其说你是想要去欺负别人，不如说你是要保护自己。就像电影《少年的你》中，易烊千玺扮演的小北和跟魏莱混在一起的罗婷一样，想要不被人欺负只好去欺负别人，在欺负别人的过程中，自己也受到伤害。从你小时候的经历看，那样的生活才是你所追求的，但是没有人可以保证自己一直一帆风顺，遇到一些小小的挫折是很正常的。也许母亲的责备、老师的批评在其他同学看来是很正常的事情，但在你这里就变成了全盘否定，这只能说明你的一切都太顺利了。其实这对你来说是一件好事，这是一个全新的领域等你去破解，这样的挫折并不严重，无非是如何与母亲沟通，如何跟同学处理好人际关系，如何处理好师生关系，如何适应高中的学习。这些事情假如一件一件地出现你还可以驾驭，但是这种“祸不单行”的方式让你不知所措。其实我觉得以你的能力解决这些都不是问题，所以把自己好好收拾收拾，断了与狐朋狗友的联系，去学校找回曾经的自己吧。

智慧点拨

许多人喜欢将孩子与父母放在一起讨论，把子女的成长与父母的人品、能力、性格、婚姻质量、事业发展等联系起来。一个人如果把自己的孩子培养得很成功，就会获得周围人的尊敬；一个人如果无法教育好自己的孩子，则会引发旁人对其能力的质疑。这样搞得家长很累，孩子更累。其实父母和孩子都是独立的个体，父母将孩子与自己进行有效剥离，才会营造出更加适合自己和孩子的生活环境。

“道德洁癖”是我被排斥的原因吗

Q：我觉得我的学校里，建筑没有灵魂，老师和同学没有品位……我被他们孤立怎么办？

A：对新环境整合型的适应是，对原有文化和新环境文化都有某种程度的认同和反省，“取其精华，去其糟粕”，为我所用。

丽珊老师：

我是一名高三女生，遭到同学的欺凌，班主任虽然介入了，但是欺负我的人越来越多，我不想去上学了。

我小学和初中就读的都是重点学校，我的中考成绩一般，如果留在我所在学区，则只能上普通高中，于是就选择家门口的一所市重点学校。噩梦由此开始，校舍尽管是新盖的但没有灵魂，同学素质低，脏话连篇，老师教学水平低，没有品位，还和那些粗俗的同学说说笑笑。

父母说我有道德洁癖，就说不要强求和他们在一起玩儿。我孤独了两年半，盼着高考就离开这个该死的学校。半个月前，前桌的男生“葛优躺”，头正好枕着我的笔袋。平时他对我恶言恶语，凭什么枕我的笔袋？我推他起来，掏出消毒湿纸巾擦笔袋，旁边女生煽风点火说我嫌男生脏，我不敢得罪他们，只能说我有洁癖。这一天我都快气死了，晚上回到家，我发朋友圈，配图是笔袋和消毒纸巾，“我就是嫌你脏，头皮屑像雪花，弄脏我的笔袋。我真窝囊还说自己有病……”一个同学把我朋友圈截图发到班级群里，男生骂我，围观同学说我自视很高，瞧不起同学……我在群里被同学谩骂、羞辱。那天晚上没有睡着，转天我就发烧没有去上学。

我将被男生谩骂的事告诉母亲。她请求班主任帮助解决问题。第三天我到学校，男生看见我破口大骂，吓得我又回了家。母亲再次和班主任联系，班主任说找周围同学了解一下情况再进一步处理，让我在家调养好身体。第四天我到学校，我周围的女生和前桌男生一起骂我，说我是戏精，平时总是各种鄙视同学素质低、没见识，对同学进行精神虐待，现在把自己装成小可怜……我在教室坐不下去，又回家了。

上周二，父母带着我去找校长投诉班主任，说我遭遇同学欺凌，她越管事越大。班主任显然是有备而来，带着很多“证据”：同学都不喜欢化学老师，我课间在黑板上写了：“某某（化学老师名字），你去死吧！”同学拍下这一幕的照片。我在班级群里说班主任不够意思，结果被同学截屏……班主任说我从高一起就不能很好地融入集体，说话特别伤人。我忍无可忍怼了回去说：“这个班风气不正，你班主任有不可推卸的责任，你就喜欢那些低俗的同学，和他们说说笑笑，跟我说话总绷着脸，你的英语课比我们初中老师差远了，我上英语课都是写其他科作业，我英语成绩好跟你没有任何关系……”好汉做事好汉当，我不用在班级群里吐槽老师，而是当着校长面说出来。

校长鼓励我发挥优势考上好大学，班主任也答应帮我换座位。转天我再到校，同学看我像瘟神，谁也不和我坐同桌，我只能坐到讲桌边的独桌。从那天起我就再也没有去过学校。丽珊老师，我素质高有错吗？

王爱莲

丽珊老师答疑

亲爱的爱莲：

我理解你此时的苦恼，你是爱学习的学生，高三冲刺却不敢到校上课，任由时光从眼前流逝，这是何等焦虑。可到了学校又不知道同学会以怎样的态度对待自己，自己是否能够承受，如果自己控制不了会不会发生冲突？你可能脑子里会无数次想自己怎么就混成这个样子了，那么咱俩就从头来梳理一下吧。

爱莲，你说初中母校教学质量高，你又那么喜欢，但为什么中考分数才考上普通高中呢？我觉得你的中考分数并不理想，对吗？可能很多同学都留在重点高中了吧？为了避免和同学在一个参照系里，你选择了家门口的高中，是这样吗？你内心充满了失落，于是迁怒于高中，学校是替罪羊，你用挑剔的目光看待学校的一切，建筑没有灵魂，师生没有品位，这对他们公平吗？你用过度的优越感来抚慰因为中考落败而受伤的心。

爱莲，你不太善于人际交往，父母用“你有道德洁癖”把你和周围同学隔离开来，就像《西游记》里孙悟空每次外出都用金箍棒给唐僧和另两个师弟画一个圈，表面上防范妖魔靠近，实际上是给唐僧画地为牢，不要乱动。你用精神胜利法继续自己的优越感，但内心的孤独是无法掩饰的。你为什么对男生枕你笔袋如此愤怒？因为他平时对你恶言恶语。假设你们平时关系融洽，你会用消毒湿纸巾擦笔袋吗？潜意识里你是想通过这个行为羞辱他，惩罚他平时对你的态度。这个男生和周围女生的挑战使你意识到自己寡不敌众，马上承认不是他脏而是自己有洁癖。但你内心的愤怒依然难以平息，晚上到家一吐为快。一石激起千层浪，是完全出乎你的预料的，你万万没有想到这么多同学都已经“忍”你很久了。这也就明白了为什么班主任找周围女生了解情况后，他们一起攻击你了。

爱莲，你对初中学校的褒奖和对现在学校的贬低伤害了同学们的自我价值感，由此唤起他们内在的自卑感，环境是不可以改变的，但他们可以通过攻击你获得内心的平衡。爱莲，在黑板上诋毁化学老师是道德水准高的人应该做的事情吗？我觉得当时你这么做是为了迎合同学，希望通过这种“出头”拉近和大家的距离。你万万没有想到被同学拍了照片给班主任吧？面对校长、家长，你认为班主任不给你留面子，恼羞成怒说班风不正是班主任造成的，你从来不听她的英语课……你觉得校长听了你的话会对班主任的教育、教学能力质疑吗？不会的，他找到了你被同学排挤的原因。

爱莲，看到这里，你可能会说，丽珊老师，我信任您，但您为什么一直在批评我，而不像我父母那样教给我怎么收拾他们呢？孩子，为了不辜负你的信任，我才要站在客观的角度帮助你分析每一个人的情绪，由此我们才能知道下一步怎么做。我们永远无法改变别人，能改变的只有我们自己。具体做法是：

1.尽快回到学校，在家待得越久，回归学校的难度就越大。老师让你坐在讲桌旁的独桌是难得的机会，既不用担心与周围同学的关系而惶惶不可终日，又在老师的监督下提高课堂吸收率。你暂时不用和同学有互动，每天到校就直接坐到自己的座位上，安静学习就可以。

2.上课认真听讲是学生尊重老师最直接、最有效的方案。紧跟老师的节奏，落实老师布置的任务。

3.删掉班级群之前的聊天记录，眼不见为净。对班里任何事情都不做评价，给自己营造一个安静念书的环境。如果有同学主动与你交流，你要遵循的原则是不批评、不抱怨，要说就说好话，如果想不好就可以不说话。

爱莲，只要你能够做到这些，我想不会再有同学发起挑战了，毕竟都高三了，高考才是当前的头等大事。祝你考上自己心仪的大学。

永远爱你的：丽珊老师

同伴导师轩哥观点

也许你看不惯别人的做法，也许你不可能跟他们成为朋友，但你不应该与全世界为敌。既然你选择了这个环境，你只能去适应它、习惯它。在今后的生活中，不可能所有的环境、所有的人都让你事事顺心，总会有你不喜欢的事情发生，如果事事较真儿，处处得罪他人，你的生活将会变得异常不愉快。说回现在，你在班里的状态给别人的感觉不是你有道德洁癖，而是自恃清高，看不起他人，而你的言论证实了这一点，无论是对同学还是老师，都是如此。也许人家会想，你那么清高，别来我们学校和我们为伍啊，于是你与全世界为敌。老人们常说难得糊涂，这是一种聪明的处世之道。你需要做的事情可分为三个阶段：第一，不去得罪他人并保持自我，做到井水不犯河水；第二，学会与不同的人成为朋友，锻炼自己的适应能力；第三，用你的魅力去影响他人、改变他人。当然，处于高三阶段，最重要的还是保持良好的心态积极备考，去寻找与你志同道合的人吧。

智慧点拨

每个人对于新环境都有四种不同的状态，第一种是“同化”：对原有文化感到羞愧，因此完全贬低和排斥它，而对新环境文化全盘接受，往往妄自菲薄。第二种是“排斥”：对原有文化很认同，对新环境文化则完全排斥，往往孤芳自赏，新环境适应不良。第三种是“边缘”：对原有文化和新环境文化的认同感都很低，陷入孤立、边缘化状态中。第四种是真正的“跨文化”：对原有文化和新环境文化都有某种程度的认同和反省，“取其精华，去其糟粕”，为我所用，这是整合型的适应。

后 记

纠结，是成长的冲锋号

自1994年在天津市耀华中学开设心理健康幸福课程至今，26年来，我无间断地陪伴无数青少年走过纠结的青春期，他们邀请我成为他们的人生导师，在人生的重要节点与我沟通，征求我的意见，而我也有幸见证了他们的成长。

学生时代纠结多本身就说明生命力旺盛，善于观察世界，喜欢独立思考，敢于大胆追问，渴望实践创新。如果善于寻求帮助，他们则始终处于轻装上阵的状态，做到学业、成长与生活的平衡，在享受成就感和幸福感的同时，将正能量传递给周围人。如何变纠结为成长的契机，将每一次纠结转换成为成长的冲锋号呢？我想应该具备以下六种能力。

敏锐的觉察力。社会的发展给每个人提供了更多的选择，让我们的人生拥有了更多的可能，但选择时难免产生看不透、理不清、说不明的困惑或混乱的感觉。及时发现纠结，不要用“不爽”将纠结模糊化，而错失自我澄清、自我成长的机会。

理性的判断力。纠结的类别很多，有的属于生活琐事，有的则关乎成长方向。比如“今天中午吃什么”是生活琐事；而“和谁一起吃”则有可能关乎友情或自我形象等问题了。所以我们要关注成长性的纠结并科学对待。

勇敢的求助力。我为什么要发明一个新词“求助力”呢？有些人太好面子，宁可让问题内耗自己的生命能量，也不愿放下面子求助。“男儿有泪不轻弹”，让很多男性从小就隐藏负面情绪，通过体育运动、网络游戏、暴力行为等方式舒缓内心压力，使简单的、暂时的小痛苦发展成为潜意识中难以抚平的“痛点”，或直接造成不可逆的现实困难。求助力需要勇气，更需要智慧。

明智的选择力。向谁求助是关乎成长还是后退的大问题。选择符合社会主流价值观、充满正能量、具有丰富的社会阅历和心理学功底、拥有一定社会成就和影响力的专业人士。“心灵交流是用生命感染生命的过程”，如果选择有误，不但不会有积极的作用，还有可能误入歧途。

科学的规划力。幸福的人生是需要经营的，经营的前提是科学的规划。人生规划是根据每个人的具体情况，本着扬长避短的原则，极大地发挥个人优势，突出主干，修剪旁枝，聚焦大方向，增强抵御诱惑的能力。

高效的执行力。一旦明确了人生规划，就必须采取行动。任何人的成功都有不为人知的辛勤付出。具体执行中要善于将大目标细化成N个小目标，抱着玩游戏通关的心态，每实现一个小目标就会增强实现大目标的信心。

如果你拥有了这六种能力，遇到问题既不会紧张，更不会恐惧，而是以积极的心态去应对，将问题视为成长的冲锋号，从容应对，在解决问题的同时登上人生新的高度。

在阅读中，读者可能会对“同伴导师”一词有所不解，这是我创立的丽珊心理疗法的重要理念之一。1998年，我应华东师范大学出版社的邀请出版我的第一本专著《向丽珊敞开心灵》，为了增强可读性和实效性，我在耀华中学高一年级选择了八位同学担任“锵锵队员”，他们站在同龄人的角度帮求助的同学想办法、出主意。选择“锵锵队员”的标准：学习成绩中等、综合素质好、乐于助人。该书出版后受到广大学生欢迎，而更令我欣慰的是这八位“锵锵队员”在高考中全部超水平发挥，分别考入北京大学、清华大学、复旦大学、南京大学和南开大学。他们告诉我，在帮助同学的同时，他们知道了青春期会出现哪些问题，如何应对问题。在备战高考中，他们始终处于越战越勇的状态。1999年，我首次在泛亚太地区心理学大会上就“同伴互助”理念进行大会宣讲，得到同行的高度认同。2002年，我在商务印书馆出版的“青春谈心坊”丛书的写作过程中，邀请了更多的同学担任“同伴导师”。为了提高他们的心理认知水平和助人能力，我特意编写了培训教程，对他们进行系统的心理培训。同伴互助模式在坚实的理论基础和大量的成功案例支撑下，已经成为丽珊心理疗法的亮点之一。

在陪伴轩哥（儿子郭子轩的昵称）成长的过程中，我始终将热爱生活、收获幸福的理念放在第一位。他从小在我身边耳濡目染，对心理学特别感兴趣，初中起就开始担任同伴导师。他的中学六年有幸在天津市耀华中学度过，在强手如林、学业竞争如此激烈的环境中，他终日乐乐呵呵，组织年级足球赛、篮球赛，参与辩论赛，投身社团工作，创办新的团刊，获得“国家游泳二级运动员”称号，连续两年主持天津市中学生心理剧大赛……2015年，我与他合作出书使得他有机会梳理总结多年同伴导师的经验。2020年出版升级版，他又在繁忙的留学生活中抽出时间对书稿内容进行修改，与读者朋友分享时隔五年后更成熟的建议。

守望大众心理健康的张丽珊

2020 年 3 月 9 日于家中